创客教育普惠行动推荐教材

小创客3D打印

多元指导

杨峻岳　主编

中国科学技术出版社
·北　京·

图书在版编目（CIP）数据

小创客 3D 打印多元指导 / 杨峻岳主编 . —北京：中国科学技术出版社，2019.8

ISBN 978-7-5046-8315-1

Ⅰ.①小⋯ Ⅱ.①杨⋯ Ⅲ.①立体印刷 – 印刷术 – 教案（教育）– 中小学 Ⅳ.① G633.672

中国版本图书馆 CIP 数据核字 (2019) 第 120926 号

策划编辑	王晓义
责任编辑	罗德春
装帧设计	中文天地
责任校对	杨京华
责任印制	徐　飞

出　　版	中国科学技术出版社
发　　行	中国科学技术出版社有限公司发行部
地　　址	北京市海淀区中关村南大街 16 号
邮　　编	100081
发行电话	010-62173865
传　　真	010-62179148
网　　址	http://www.cspbooks.com.cn

开　　本	787mm×1092mm　1/16
字　　数	130 千字
印　　张	8.25
版　　次	2019 年 8 月第 1 版
印　　次	2019 年 8 月第 1 次印刷
印　　刷	北京中科印刷有限公司
书　　号	ISBN 978-7-5046-8315-1 / G・807
定　　价	56.00 元

（凡购买本社图书，如有缺页、倒页、脱页者，本社发行部负责调换）

编 委 会

指　　　导　王晓燕　聂云龙　郅永梅　刘勇利
主　　　编　杨峻岳
执行主编　李柯影　冯媛媛　薛　亮　李晓红　李志军　张玉玲
　　　　　　张　燕　赵海宁　王丰萍　何亮亮　鲁　杰　唐小玲

编委

薛　刚　李勇宏　梁凯华　裴　昱	内蒙古自治区鄂尔多斯市电化教育馆
白江桥　郑　彬　张　晶	内蒙古自治区鄂尔多斯市康巴什区电教实验考试中心
贾西贝　王文远	内蒙古自治区鄂尔多斯市康巴什区第一小学
郭秀坤　梁　艳　刘向飞	内蒙古自治区鄂尔多斯市康巴什区第二小学
范永乐	内蒙古自治区鄂尔多斯市康巴什区第三小学
梁燕花　王光明	内蒙古自治区鄂尔多斯市康巴什区第一中学
张卫祥　王小荣　米　智　于　娜	内蒙古自治区鄂尔多斯市伊金霍洛旗高级中学
王　冀　王翠梅	内蒙古自治区鄂尔多斯市伊金霍洛旗青少年校外活动中心
吉仁巴雅尔　李文军	内蒙古自治区鄂尔多斯市乌审旗电化教育培训中心
王　猛	内蒙古自治区鄂尔多斯市准格尔旗教育中心
徐保毅	内蒙古自治区鄂尔多斯市第一中学
刘　慧	内蒙古自治区鄂尔多斯市特殊教育学校
刘辰彬　王雅菊	北京市东城区崇文科技馆
刁彬斌	北京宏志中学
郑　宏	贵州省六盘水市六枝特区第二小学
吴　丹	贵州省电子科技职业学院
蒋　礼　林　山　王　璇	广州中望龙腾软件股份有限公司
王　鹏　杨雅飞	内蒙古自治区鄂尔多斯市新启点机器人创客空间
郭佳铭	内蒙古自治区鄂尔多斯市创梦先临科技有限公司
杨淑雯	内蒙古自治区鄂尔多斯市智趣天地教育科技有限公司

前 言（一）

如何做一个"名门正派"的创客

在武侠小说中常常出现这样的英雄人物：开始遭受天大的屈辱和磨难，经过刻苦和艰难的努力，最终书写了史诗般的传奇，令人激动。创新者从来就不是随大流的人，在创新的过程中会遭遇很多坎坷和诸多的不认同。有人的地方就有江湖，"让我们红尘作伴，活得潇潇洒洒……"在创新的过程中，既要不畏艰难险阻、勇于克服一切困难并不断努力，也要内心的守正，知黑守白就是这样一个道理。

有意义的创新需要对现实的充分了解，并具有实践能力。实践能力来自长期的实践和知识的积累，并通过各种正向的评价积累自信。实践能力的培养是循序渐进和反复思考的过程。如何成为一个创新的实践者呢？熟能生巧、见多识广、创新成瘾和关爱他人是很多开源硬件项目创始人的共同经验。

熟能生巧：任何技术，都有一个熟练的过程。筷子的使用比勺子的使用难，但中国人就可以用筷子就餐。技术的应用都需要一个从模仿到自由应用的过程，无论是软件操作、程序编写还是硬件搭建，甚至是硬件开发，都需要反复地练习、实践。

见多识广："熟读唐诗三百首，不会作诗也会吟"。丰富的项目经历和阅读思考相结合，能够积累知识，并且逐渐形成鲜明的个人风格。"行胜于言"，见多识广的同时，甄选优秀项目亲自做一遍，是一种重要的学习方法。

创新成瘾：牛顿以"在海边玩耍的孩子"比喻其一生的创新过程，"捡到比通常更光滑的石子或更美丽的贝壳"。创新成果都令人无比兴奋，很多创新实践者在不断地获得正反馈之后，形成了一种连续创新的习惯。开源项目通过网络社区的分享和更多人的参与，让更多的参与者体会到创新的快乐。

关爱他人：随着创新实践能力的提升，创新者可能要做出更大的贡献并承担更大的社会责任。关爱他人是基本的行事准则之一，也是公共道德导向之一，很多好的想法来源于对自己或他人需求的切身体会。关爱他人有助于保持谦虚的实践态度，而且伴随着年龄和阅历的增长，对他人需求的把握也更为精准。开源硬件项目设计给这种关爱加上了群体参与和普惠共享的时代特色。

我很钦佩的一位朋友并不认同"关爱他人"的观点，他说"道德完美的人都是无聊的"。我说"哦，容我想一想"。当年报考大学，我想报考物理学专业或心理学专业，最终担心自己不太健康的内心被外显出来没敢选择心理学专业。其实，当时是因为内心不够强大。我以前能够做到知黑守白是一种自我保护，是害怕自己被别人欺负，所以离"坏人"远一点。但是后来，自己成长了，能够驾驭人生甚至帮助别人了，微信的备注就改成了"知黑守白，激发善意"。"人之初，性本善"，很多人只是暂时被蒙蔽了眼睛而已，激发他人行善的道理就在这里。

说一说"行业负能量"。参考消息网 2018 年 7 月 19 日援引外媒的报道，"据一位知情官员称，欧盟 18 日决定对美国字母表公司旗下谷歌公司处以创纪录的 43.4 亿欧元（约合 50.6 亿美元）罚款。欧盟的反垄断监管部门一直在研究，谷歌是否滥用了安卓操作系统的主导地位，以及是否通过这一全球逾 80% 智能手机都在使用的系统来推销和巩固谷歌自己的移动应用程序和服务，尤其是谷歌搜索引擎这一服务"。据 Makezine 新闻网站 2015 年 3 月 19 日报道，开源硬件核心板项目 Arduino 的创始团队与 Arduino 的意大利生产商之间爆发了关于 Arduino 商标所有权之间的国际诉讼。这场诉讼甚至一度导致了开源社区的分裂，并引起了人们对开源文化的重新思考。听说像当年的"汇源"一样，又有国际巨头对国产芯片厂进行"友好合作"了，不知道股东们能否扛住……

历经重重困难，"新车间"（上海的一家创客空间）不也扛过来了吗？

本书的主编杨峻岳老师是内蒙古自治区鄂尔多斯市一个天真的大男孩，他完成了国内第一本以蒙古族生活为特色的结合编程、3D 建模和开源电子的创客教材。真心期望有一天这本书能够沿着"一带一路"被翻译成蒙古语出版发行。2015 年在法国参观科学艺术博物馆，看到 17 世纪精巧机械上的齿轮，产生了一个困扰我三年的问题："为什么中国人没有发明数学意义上的齿轮呢？"中国古代的齿轮不是按计算用齿轮线制作的，处于相当原始的状态，这导致摩擦力非常大，似乎永远不可能发明出蒸汽机，而只能用蒸汽蒸馒头。后来在研究正方形轮子的时候我找到了答案：正方形的轮子需要为其铺设一条波浪形的轨道才能够在上面像车轮一样转动，现实中人们会觉得这很愚蠢，为什么不做一个圆形的轮子呢？而这种"我不改变，让世界适应我"的精神研究出来的一个副产品就是著名的齿轮线。我和杨峻岳老师都是那种"正方形"的轮子，坚持让世界为你改变。

开源与不开源、公益与盈利、个人与社会这些矛盾及其转化成为推动社会进步的动力，从协调发展的角度来看，开源是一种手段而不是目的。技术创新的目标仍是促进人们创造美好生活、促进全社会的创新和分享、促进全世界范围内协作和公平正义的实现。"以义制利"的传统中国智慧，对于建立全球开源硬件治理体系仍具备时代的借鉴意义。守正并非无聊，原则并非古板，强大却又常常自省，团结并非结党营私，这就是成为一个内外兼修的"名门正派"的创客的应有素养。

北京景山学校　吴俊杰

前 言（二）

　　3D打印是20世纪80年代发展起来的一种集CAD、数控、新材料、激光等技术于一身的先进制造技术。它不同于传统减材加工技术使用刀具或磨具加工零件，而是将工件的三维模型分层，再将材料按照分层结果逐层堆积成形的增材加工方法。这种将三维制造降低到二维加工的思维方式是制造领域中的重大突破。运用此技术不仅可以加工复杂表面和镂空结构的异形件，而且设计制造一体化大大缩短了新产品的开发周期。目前，3D打印在世界范围内是研究热点，引起了工业界和学术界的广泛关注，在航空航天、汽车工业、模具行业、医疗器械、消费性电子产品、玩具、人体工程、服装、数字化博物馆、艺术品仿制与破损修复等领域也得到广泛应用。

　　在中国，3D打印从2012年被纳入"863"计划重点支持科技领域，随后出台的国家增材制造发展推进计划，进一步明确了产业的发展方向，引爆了中国的3D打印市场。现在正值"中国制造2025"稳步推进之际，智能制造概念席卷了中国工业领域。作为自动化生产方式的一种，3D打印的发展恰好赶上国家政策利好。随着中国制造业升级，3D打印有望成为中国高端制造业的重点环节，促进中国制造业升级。

　　2001年美国麻省理工学院在波士顿建立了第一个快速创造原型的平台Fab Lab，从此创客运动在全球范围内蓬勃兴起。李克强总理也在2015年政府工作报告中提出要把"大众创业，万众创新"打造成推动中国经济继续前行的"双引擎"之一。创客的核心内涵强调将想法变成现实，因此创客活动不可或缺的元素就是加工制造环节。3D打印由于其"设计即生产"的特点，在创客教育里得到了广泛的应用。通过3D打印实体的触觉体验，可让学生的想象变成现实，达到"所思即所得"的教学效果。

　　在此，我很高兴看到《小创客3D打印多元指导》出版。此书以中小学生为对象，紧密结合当前创客教育的大背景，以 3D 打印为载体，系统介绍了 3D 打印的流程和相关设备及软件的使用。本书从普通结构模型到与电子产品结合，最后上升到智能系统，由浅入深详细讲解了 8 个课例。其中普通结构模型里结合内蒙古自治区鄂尔多斯市特有的蒙元文化元素，制作的苏鲁锭、蒙古包和勒勒车很有新意。在电子产品和智能系统部分，相关的背景和理论知识的补充也很到位，Arduino 的图形化和代码编程也适合不同年龄层次的学生自由选择。尤其让我欣慰的是杨峻岳老师在本书中选择的设备和软件都是国产的，比如极光尔沃的 3D 打印机，中望 CAD 的 3D One 建模软件。国货当自强。向学生们推广介绍这些设备和软件，既有助于这些企业的良性发展，也对增强民族自信心以及中国在未来智能制造领域的国际竞争力有着非常积极的意义。

3D 打印与逆向实验室 　　杜　平
清华大学基础工业训练中心

前 言（三）

习近平主席强调，创新是一个民族进步的灵魂，是一个国家兴旺发达的不竭动力，也是中华民族最深沉的民族禀赋。培养创新精神要从娃娃抓起，只有提高青少年的创新能力，才能提高国家的创新能力。当前，青少年创新能力培养的需求与我国传统教育模式中对于创新能力培养的不系统、不充分之间的矛盾，严重制约了青少年创新思维、能力的培育。在此背景下，创客教育应运而生并快速发展，在一定程度上弥补了这一不足。

文化是人类创新活动永恒拓展的载体，也是创新水平提升的工具和传播的手段。文化既影响教育内容的选择，也影响教育教学方法的使用。如果将创客教育与民族文化传承有机结合，在创客课程中引入民族文化元素，其产生的影响将是广泛而深远的。这种裂变式的反应，会在推动科技创新的同时，推动文化创新。

本书的编者长期在内蒙古自治区鄂尔多斯市从事创客教学活动。该市的主体少数民族为蒙古族。在 3D 打印课程教学实践中，编者在单一的 3D 建模课程基础上融合少数民族文化元素形成了具有民族文化特色的综合性 3D 打印课程。这种融合性的课程开发是对 STEAM 教育理念的具体运用。

本书主要介绍了 8 个趣味课例，整体上围绕 3D 打印展开，但又不以单一软件技能教学为主，而是以 3D 打印为核心发散至 3 个方向与多元素融合的综合性课例。第一章主要介绍 3D 打印的基础知识，包括什么是 3D 打印、3D 打印的起源和应用、3D 打印的流程和切片等。第二章介绍融合蒙元文化的 3D 打印创客课例。第三章、第四章主要介绍电子学相关的知识和融合电子学知识的简单课例。第五章、第六章介绍 Arduino 智能控制和融合 Arduino 智能控制的课例，由图形化编程到代码编程，形成由易到难的课程开发梯度。

创客教育思想迅速传播是时代的必然，就如同我国古代的朴素唯物主义思想

《周易》中所述"易，穷则变，变则通，通则久"。创客教育的出现正是教育界同人对我国目前教育状况的反思，其核心思想是思考探索如何改进我国当前的教育模式，让教育更加适合当前社会的发展。每个人都知道社会需要创新，那么怎么将创新落实到教育中呢？创客教育就是一种勇敢的探索。

内蒙古自治区鄂尔多斯市少年宫　杨峻岳

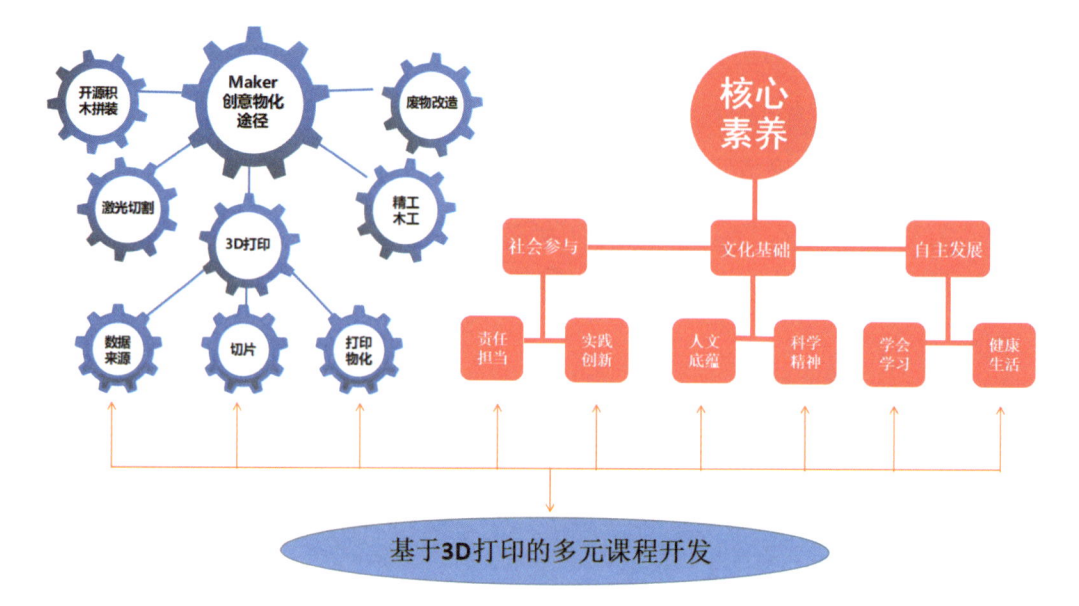

课程结构思维导图

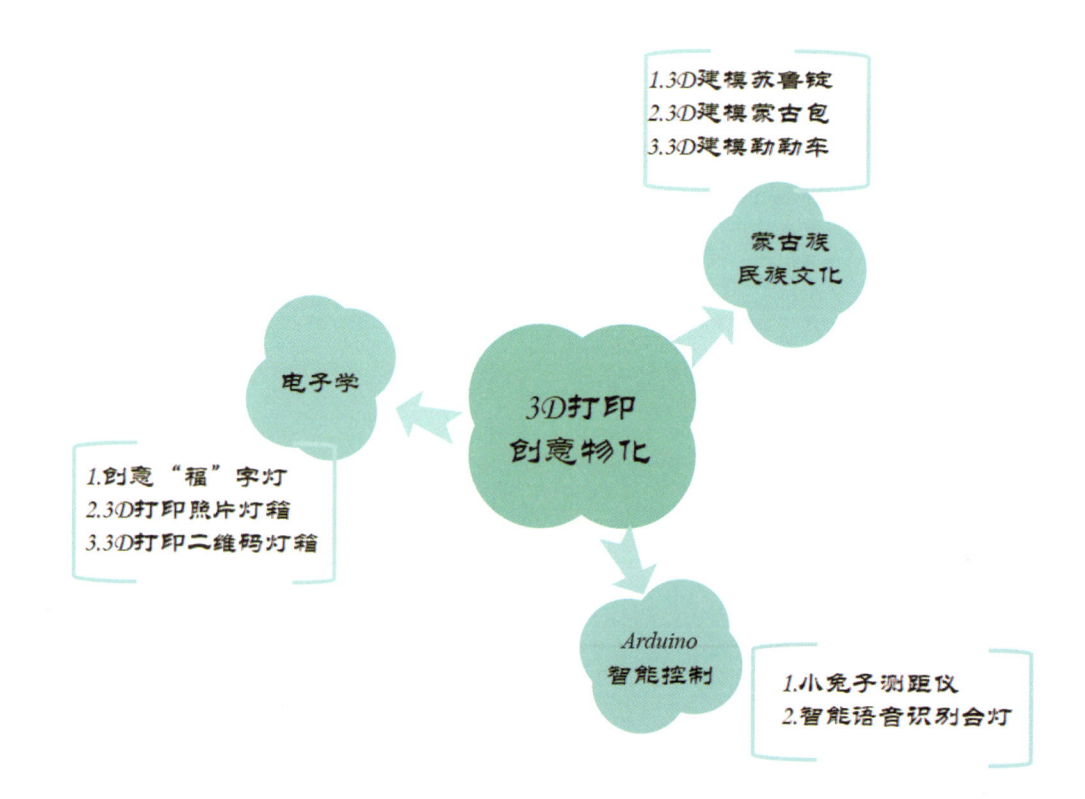

目 录

引言 …………………………………………………………… 001

第1章 3D打印基础知识 ……………………………… 003

1.1 何为3D打印 ………………………………… 004
1.2 3D打印的类型 ……………………………… 006
1.3 3D打印的起源与应用领域 ………………… 010
1.4 3D打印的流程 ……………………………… 014
1.5 模型的切片 ………………………………… 015
1.6 认识三维建模软件 ………………………… 024
1.7 认识中望3D One …………………………… 027
1.8 选择合适的3D打印机 ……………………… 028

第2章 融合蒙元文化与3D打印的创客课例 ……… 031

2.1 内蒙古自治区蒙元文化介绍 ……………… 032
2.2 3D建模苏鲁锭课例 ………………………… 033
2.3 3D建模蒙古包课例 ………………………… 038
2.4 3D建模勒勒车课例 ………………………… 044

第 3 章 电子学 ··········· 065

3.1 电子学概述 ··········· 066
3.2 电子学的发展 ··········· 066
3.3 电子学基础知识与器件 ··········· 066

第 4 章 融合电子学和 3D 打印案例 ··········· 071

4.1 神奇的反转——创意福字灯 ··········· 072
4.2 青春的记忆——3D 打印照片灯箱 ··········· 079
4.3 夜间发光的二维码——3D 打印二维码灯箱 ··········· 085

第 5 章 Arduino 智能控制 ··········· 093

5.1 什么是 Arduino ··········· 094
5.2 为什么要使用 Arduino ··········· 095
5.3 Arduino 开发板 ··········· 095
5.4 Arduino 官方编程环境 ··········· 096
5.5 Arduino 的图形化编程环境 ··········· 098

第 6 章 结合 Arduino 控制和 3D 打印的创客课例 ··· 101

6.1 小兔子测距仪——3D 打印与 Arduino 图形化编程 ······ 102
6.2 智能语音识别台灯——3D 打印与 Arduino 代码编程 ··· 112

引　言

　　基于 3D 打印融合多元素的创客综合实践课例是内蒙古自治区鄂尔多斯市少年宫的创客教师在创客教育实践中探索开发的针对 K12 阶段创客教育的教学案例。本课程案例主要围绕 3D 打印展开，内容辐射为 3 个方向的融合多元素的综合课程。其中，基于蒙元文化的综合型课程是对过去的 3D 打印课堂单调的三维建模工具教学的反思。如果创客教育只是单纯的三维建模软件技能教学，在一定程度上会让课堂重新回到传统教育只强调知识与技能的模式当中。这显然与 STEAM 教育的学科融合理念相违背。基于当前课程开发方向的思考，内蒙古自治区鄂尔多斯市少年宫的科技教师开发了本书当中的融合民族文化的 3D 打印课程，让 3D 打印的课堂变得更有内涵，让学生的创客基本技能三维建模的学习变得更加生动，学习不再只是单纯学习建模指令和软件操作，而是对于多元素文化的一种学习体验。

　　基于多元素的综合性创客课程开发是当前创客教育走向深水区的必经之路，而 3D 打印的多元化课程在创客教育早期的课例中就已有表现。在创客教育初期就有结合 3D 打印和电子电路编程的综合课程。但是后来一些创客老师在课程开发上走向了一个误区。一些教师在电子电路方面的教学和编程方面的教学开始脱离了学生的发展：在教学设计与课程开发中一味追求作品的"高大上"而忽略了学生的个体成长与接受能力；一味追求比赛结果而忽略了学生的成长发展。笔者这里想和大家分享并强调的是，创客教育课程的学习以及动手制作一定是基于学生兴趣的合理引导。我们引导学生热爱电子学、热爱编程、热爱项目式学习，但切记不可将比赛成绩和课程难度作为优质课程的评选标准。否则就容易出现课程脱离学生的接受能力，从而违背了创客教育的初衷。比如一些地方的创客教师在小学的创客课程中，安排学生学习《模拟电路》当中的有关内容，竟然涉及电子和空穴的相对运动等抽象度极高的知识，这显然违背了教育学中所描述的个体身心发展的阶段性、顺序性规律。上述现象不仅起不到提高学生热爱创客编程造物的兴趣，反而严重打击了学生的自信心。创客教育的目的是引导鼓励学生多动手、多思考，养成发现问题、解决问题

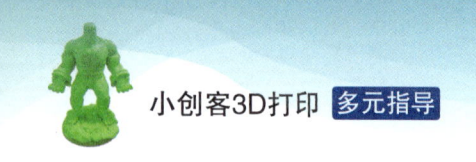

的思维能力，培养完整的人。我们做创客比赛本身不是目的，比赛只不过是鼓励学生热爱造物的手段。创客教育存在的目的应该是通过教学理念的改变培养符合时代精神的人，是在播撒教育创新的"种子"。所以，本书后面融合3D打印和电子学编程的课例内容多筛选为简单、好玩、易操作、有内涵的综合性课例，希望能够引起更多的老师保持和认同这样的课程开发方向。

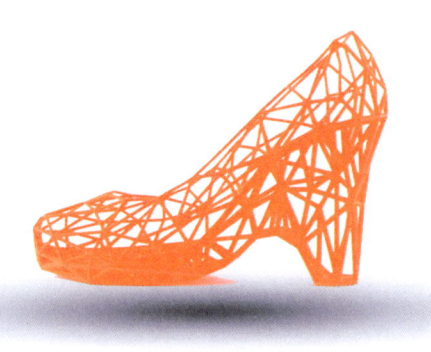

第 1 章

3D打印基础知识

1.1 何为 3D 打印

3D 打印（3D Printing）是一种快速成型的新型技术（图 1-1），目前广泛应用在创客教育领域。它是一种以数字化模型为基础，利用塑料或者粉末状的金属等可黏合的材料，通过逐层打印的方式来构造物体的技术。

通常所说的 3D 打印是指增材制造。

传统的制造是减材制造，是利用大于成型模型的材料体，使用切割、雕刻等操作，修剪掉成型模型形状之外的材料，最终得到需要的模型形状（图 1-2）。

（a）

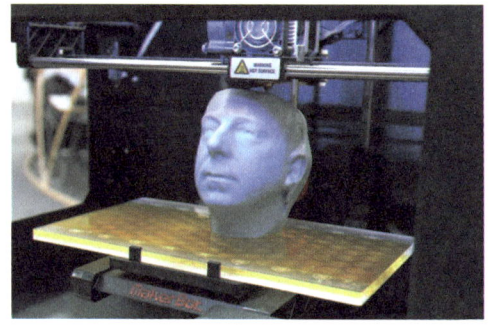

（b）

（c）

（d）

图 1-1

（a）

（b）

图 1-2

第1章　3D打印基础知识

3D打印要从3D图形说起。3D即三维图形，与传统2D（平面图形）的最大区别在于所展示出来的物体或者形状结构是立体的，给人以真实视觉效果。

在制造业中3D和2D有很大的区别。传统的设计人员在设计制作零件时通常是把零件形状通过投影绘制三视图（2D），在三视图的基础上建立3D模型（图1-3）。

3D模型可以直接将设计者想表达的"作品"以直观的表现形式呈现出来，并且可以在模拟的实物模型中添加参数。这样3D技术就为设计者和加工者以及想提前了解产品的人提供了直观的预见性功能，为设计师提供了很大的便利。在传统的设计中，图纸的设计是用2D投影三视图来表达的，机械师通常会按照"减材成型"的方法去加工这个零件并最终得到这个零件。

3D打印（图1-4）的出现改变了传统的加工方法，简化了加工的流程，为零件的制造提供了一种新途径。利用3D打印，设计者在完成"作品"的3D模型之后就可以直接利用3D打印机生产制造，不再需要三视图分析结构，计算切割减材，也不需要人工操作去加工，简单地说就是只要有三维模型就可以直接制造出零件实物了。这极大地满足了创客教育零件制造的需求，降低了学生设计、零件制造的门槛，因而迅速成为创客教育的重要工具。

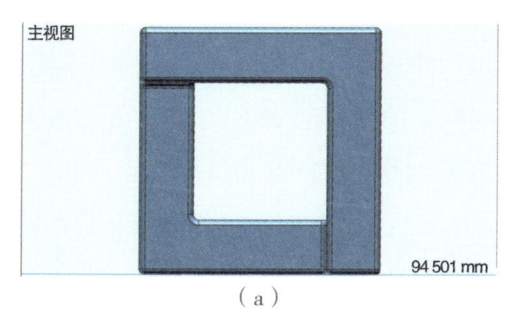

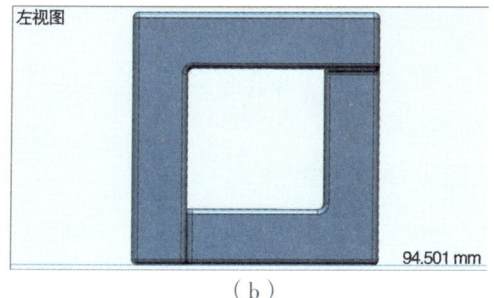

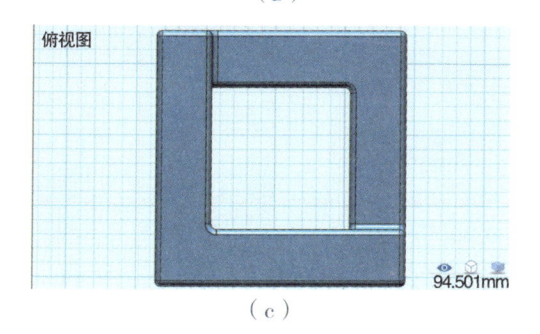

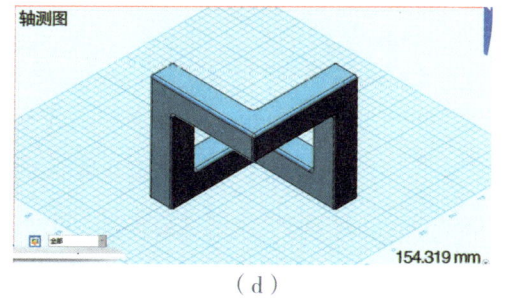

（a）主视图
（b）左视图
（c）俯视图
（d）轴测图

图1-3

（a）

（b）

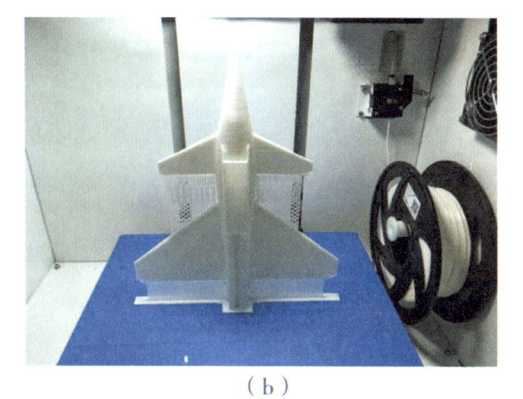

图 1-4

1.2 3D 打印的类型

现在市场上有各种类型的 3D 打印机，虽然从外形来看都差不多，但是其成型方式、性能、耗材、打印精度、价格等却有天壤之别。目前主流的成型方式有 5 种，分别是熔融沉积成型法（FDM）、激光粉末烧结法（SLS）、光固化成型法（SLA）、三维打印黏结成型法（3DP）和分层实体制造法（LOM）。

1. FDM 打印

目前最常见的是 FDM。FDM 也叫"熔丝制造法"。顾名思义，这种方法就是把线状（常见的耗材直径为 1.75mm）的热塑性材料（PLA/ABS/TPU）加热融化，然后从打印机喷头底部细小的喷嘴挤压出来，伴随着步进电机的移动，使得挤出来的材料一层一层熔结在一起。完成一层的熔结后平台下降一层的高度，再继续熔融沉积，直到完成模型（图 1-5）。

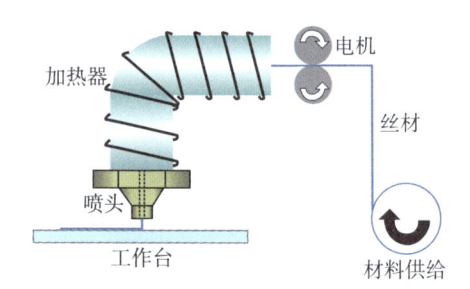

熔融沉积成型工艺（FDM）的工作原理图

（a）

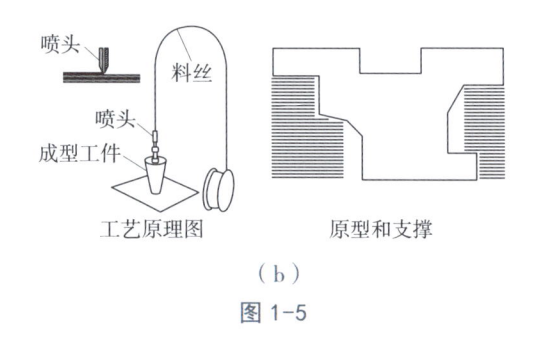

（b）

图 1-5

FDM 也是目前市场上和学校创客空间最常用的一种成型法。像极光尔沃的 A8S 3D 打印机和弘瑞的 Z300 3D 打印机就属于 FDM 3D 打印机（图 1-6）。

第1章　3D打印基础知识

(a)

(b)

图 1-6

FDM 技术是在 20 世纪 80 年代由美国人 Scott Crump 发明的。他后来成立了 Stratasys 公司。该公司是当今著名的 3D 打印机公司之一（图 1-7）。

图 1-7

FDM 3D 打印技术为了防止模型的悬空或者空腔部分坍塌（无法实现空中楼阁），通常会切片打印出一些支撑部分用来支撑模型。支撑对于 3D 打印非常重要。支撑不到位会造成打印失败（图 1-8）。

悬垂结构（overhang）打印失败案例
图 1-8

2. FDM 常用耗材

PLA（聚乳酸）是一种可再生资源（淀粉类）的衍生物，提取自玉米等农作物，是一种较为新型环保的热敏性硬塑料。PLA 有非常好的打印特质。PLA 打印熔融时，没有 ABS 那样刺鼻的气味，打印出来的模型硬度和强度较高。在自然状态下，PLA 是透明的，加入颜料后打印出来的效果往往色彩明亮，表面有光泽（图 1-9）。

作为结构材料，PLA 适用于所有不同大小的打印产品，在 50℃以下的环境中稳定性为 20 年（理论值）。

ABS 是一种具有良好硬度特性的塑料，是一种石化产品，回收再利用比较

007

(a)

(a)

(b)

(b)

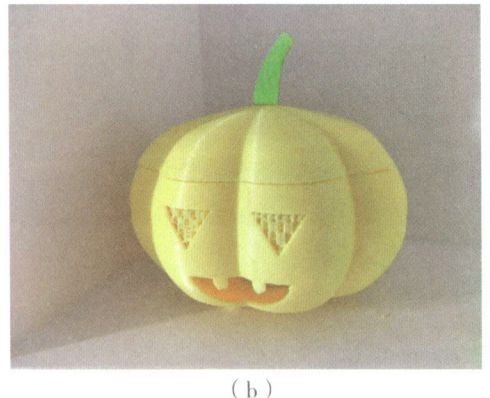

图 1-9

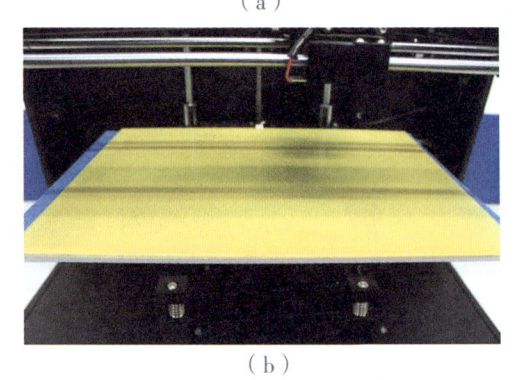

图 1-10

容易。相对于 PLA，ABS 材料的后期处理更容易，可选择的方案更多。作为 3D 打印的结构材料，ABS 更适合于硬度要求较高，或者更需要弹性的小型产品（图 1-10）。一般建议不要使用 ABS 打印超过 100 平方毫米的部件，因为 ABS 冷却时容易收缩，因此打印大的部件时，部件的几何构型容易发生变化，产生卷翘。一般需要配合洞洞板或者平台胶水来防止翘边。ABS 也可作为 PLA 的支撑材料，容易撕离，另外 ABS 打印过程中会有刺激性气味产生，要在通风良好的环境中使用。

对于双喷头的打印机 PLA 可以作为 ABS 的支撑材料使用，因为将它从打印平台剥离比较容易。

TPU（热塑性聚氨酯）具有很好的柔软性和回弹能力，适合打印鞋子、鞋底、小车轮子、手机壳等柔软性模型。另外 TPU 产品的承载能力、耐磨性、抗冲击及减震性能突出（图 1-11）。TPU 的玻璃态转变温度比较低，可以在 -35℃ 仍然保持良好的弹性、柔顺性和其他物理性能。

法国工业 3D 打印公司 Prodways 利用 TPU 开发过鞋类产品，包括外底、中底和鞋垫，这些产品均基于 TPU 材料。

第1章　3D打印基础知识

（a）

（b）

图1-11

TPU的断裂伸长率超过300%。使用这种材料，制造商能制造出灵活、具有良好抗疲劳性的中底。通过3D打印，可降低模具成本，节省宝贵的时间。除此之外，使用TPU，还能用3D打印出更轻、更高精度的格子结构。Nike已经在利用弹性TPU来制作鞋子原型（图1-12）。

图1-12

3. SLA 和 SLS

光固化成型法即SLA成型法，也称作"光固化立体成型""立体光刻"。这种技术的原理是用紫外线激光照射一个水槽容器中盛满透明、有黏性的液态光敏树脂，使其快速固化。照射时，利用计算机控制激光束与分层数据。

激光粉末烧结法即SLS成型法。成型材料一般以金属粉末或陶瓷粉末为主，通过激光烧结粉末来黏结成型。和SLA不同，SLA用的是紫外线激光，而SLS用的是高能量的红外线激光。SLS多用于工业领域，在创客教育中应用较少（图1-13）。

（a）

009

（b）

（c）

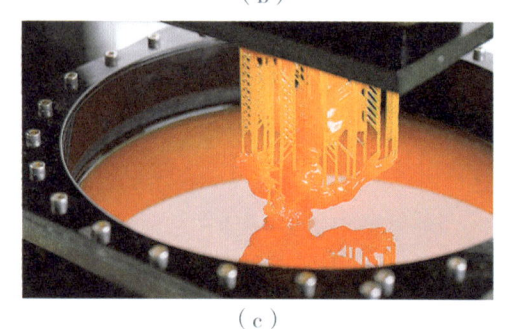

图 1-13

1.3 3D 打印的起源与应用领域

1. 3D 打印的起源

3D 打印技术的核心思想最早起源于美国。1892 年，美国人 J.E. Blanther 在其专利中首次提出利用层叠成型方法制作地形图的构想。1904 年，美国人 Carlo Baese 的专利提出了用光敏聚合物制造塑料件的原理，即 SLA 的原型（图 1-14）。

（a）

（b）

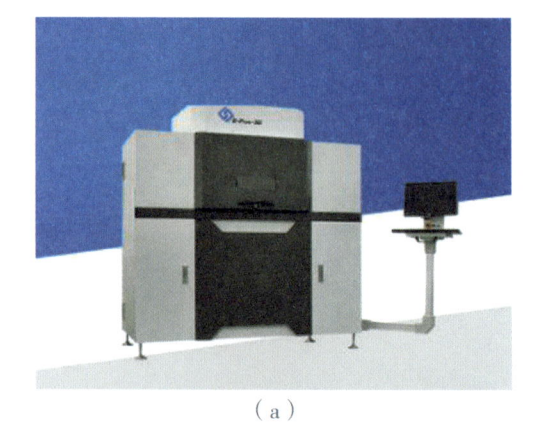

图 1-14

1984 年，Chuck Hull（图 1-15）发明了将数字资源打印成三维立体模型的技术。1986 年，Chuck Hull 发明了立体光刻工艺，利用紫外线激光照射将树脂凝固成形（即 SLA），以此来制造物体，并获得了专利。随后他成立了一家名为 3D Systems 的公司，专注发展 3D 打印技

图 1-15

第1章　3D打印基础知识

术。1988年，3D Systems开始生产第一台3D打印机SLA-250，该机体型非常庞大。

1988年，Scott Crump发明了另外一种3D打印技术——熔融沉积成型法（FDM），利用蜡、ABS、PC、尼龙等热塑性材料来制作物体，随后成立了一家名为Stratasys的公司。

1989年，C.R.Dechard博士（图1-16）发明了激光粉末烧结法（SLS），利用高强度激光将尼龙、蜡、ABS、金属和陶瓷等粉末材料烧结，直至成型。

图1-16

1993年，麻省理工学院教授Emanual Sachs发明了三维打印技术（3D打印），将金属、陶瓷的粉末通过黏结剂粘在一起成型。1995年，麻省理工学院的毕业生Jim Bredt和TimAnderson创立了现代的三维打印企业Z Corporation。

1996年，3D Systems、Stratasys、Z Corporation分别推出3D打印机产品，第一次使用了"3D打印机"的称谓。

2. 3D打印的应用

3D打印技术现在已经应用到多个领域，包括创客教育、广告设计、汽车、航空航天（图1-17）、医疗、工程施工、地理信息系统、珠宝、服饰等领域。

图1-17

3D打印在创客教育中的广泛应用，使得学生可以通过3D打印机将自己设计的三维数字模型转化为实物模型。

3D打印已经在广告行业得到很好的应用，如制作发光文字（图1-18）、标

（a）

011

图 1-19

图 1-20

图 1-21

（b）

（c）

图 1-18

牌、小型工厂沙盘模型（图 1-19）、大型沙盘（图 1-20）、汽车模型（图 1-21）。

劳斯莱斯将 3D 打印应用于飞机制造，利用 3D 打印制造了一套机翼的翼面并且安装到喷气式飞机上（图 1-22），最后试飞成功。

第1章　3D打印基础知识

（a）

（b）

图 1-22

3D打印在牙科和医疗中的应用也很广泛（图1-23）。

（a）

（b）

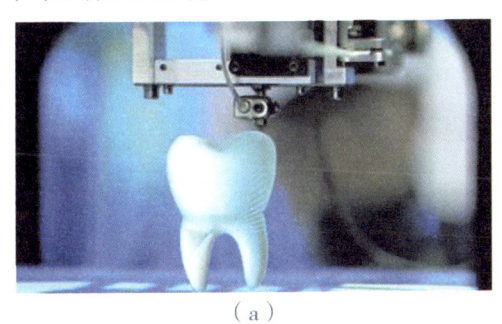

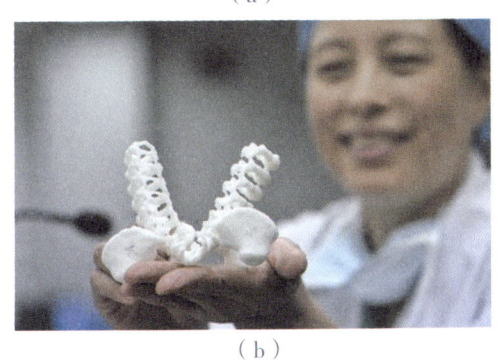

图 1-23

3D打印头盖骨和人体组织（图1-24）。

（a）

（b）

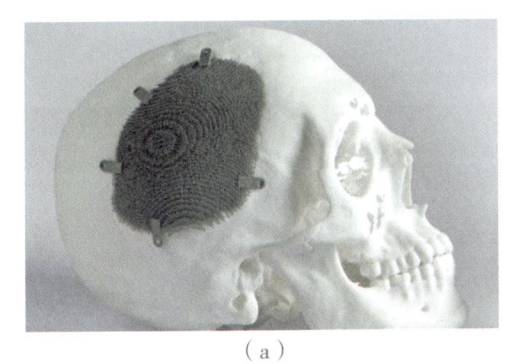

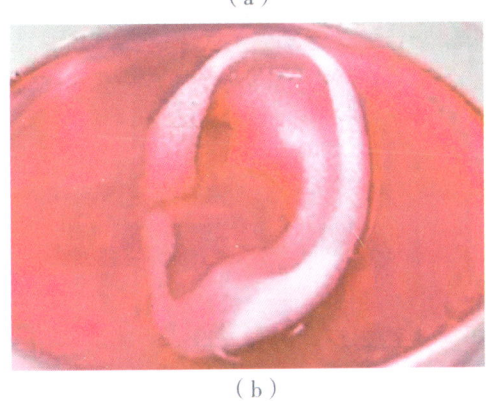

图 1-24

3D打印房屋建筑（图1-25）。

（a）

（b）

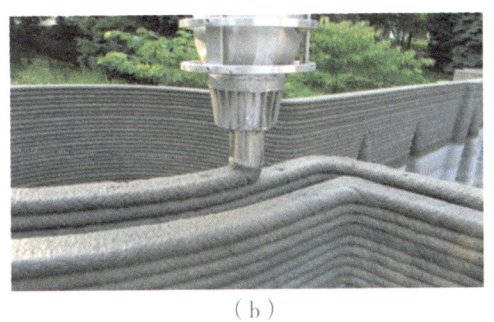

图 1-25

013

3D 打印鞋子（图 1-26）。

图 1-26

1.4　3D 打印的流程

虽然 3D 打印机的种类很多并且原理各有不同，但是 3D 打印制造的流程却是基本一致的（图 1-27）。大体来说分为三个阶段，首先是获取模型数据，然后是打印机以及切片参数设置与选择及打印，最后是后期优化处理加工。

1. 获取模型数据

对于一个刚得到 3D 打印机的新手来说，一般都会急切地打印一件小作品去感受一下 3D 打印带来的神奇体验。这时候大多数人会选择通过别人分享或者网上下载一个 STL 格式的模型进行切片打印。对于那些先学习了三维建模软件的学习者来说，他们会自己通过三维建模得到模型后去打印实体。但是这两种方式依然满足不了人们个性化需求。对于那些想做人像或者其他复杂模型的人来说，三维建模会耗费很长时间。这时候我们还可以有第三个选择，那就是 3D 扫描实体。通过 3D 扫描仪（图 1-28）可以快速获得复杂模型。

2. 3D 扫描仪

3D 扫描仪的作用最初是为了满足逆向制造需求，如实物的仿造。3D 扫描仪可以大大减少建模的工程量，提高逆向制造的效率。我们可以通过 3D 扫描仪得到 OBJ 或者 STL 格式的模型，然后用软件进行修改、缩放、优化处理后再进行打印。模型的修改目前推荐使用软件 Magics。这款软件是由比利时 Materialise 公司专门针对 3D 打印工艺特征开发的。Magics 是专业处理 STL 文件的，具有功能强大、易用、高效等优点，常用于零件摆放、模型修复、添加支撑、切片等。

获取模型数据
- 下载模型
- 三维建模
- 3D 扫描实体

打印机和切片参数设置与选择及打印
- 3D 模型切片，形状生成模拟
- 3D 打印机选择

后期优化处理加工
- 优化打磨
- 亮化处理
- 组合装配

图 1-27

图 1-28

本书推荐的软件都是在现阶段优选出来的，相信随着技术不断升级换代，更好、更先进、更强大的软件会不断涌现。

1.5　模型的切片

获得模型文件后要得到 3D 打印实体需要对三维模型进行切片。常用的切片软件有 Ultimaker 开发的 Cura 和极光尔沃开发的 JGcreat。这里推荐使用极光尔沃的 JGcreat。因为 JGcreat 是在 Cura 基础上升级而来的，不论是填充还是支撑都有更多的类型和参数可供用户选择。

1. JGcreat 软件的安装

在极光尔沃科技的网站（http://www.jgew3D.com/xiazai）下载 JGcreat 软件。

双击软件图标，进入软件安装界面（图 1-29）。

在图 1-29 所示安装对话框中单击"下一步（N）"按钮，弹出"许可协议"对话框（图 1-30）。

图 1-29

图 1-30

在图 1-30 所示的对话框中单击"我接受（I）"按钮，弹出"选定安装位置"对话框（图 1-31）。

图 1-31

在图 1-31 所示的对话框中选择安装位置（这里选择安装在 D 盘）。然后单击"下一步（N）"按钮，弹出"选择开始菜单文件夹"对话框（图 1-32）。

图 1-32

在图 1-32 所示的对话框中选择"开始菜单"文件夹，单击"下一步（N）"按钮，弹出"选择组件"对话框（图 1-33）。

图 1-33

在图 1-33 所示的对话框中，勾选全部组件，单击"安装（I）"按钮，弹出"正在安装"对话框（图 1-34）。

图 1-34

等待片刻，JGcreat 软件安装完成并弹出"正在完成 JGcreat 安装向导"对话框（图 1-35）。

图 1-35

在图 1-35 所示的对话框中，勾选"运行 JGcreat（R）"选项，单击"完成（F）"按钮完成安装。

2. JGcreat 的首次运行及设置

在图 1-35 所示的对话框中，勾选了"运行 JGcreat(R)"选项，当安装完成后，系统自动运行 JGcreat。运行时，会弹出 JGcreat 软件欢迎对话框（图 1-36）。

016

第1章　3D打印基础知识

图 1-36

图 1-38

图 1-39

首次运行软件会弹出选择打印机类型对话框（图 1-37）。这里选"JGcreat-A8S"。选择完成后单击"Add Printer"按钮即添加 A8S 打印机。

在弹出的对话框中选择第一项"General"（图 1-40）。

图 1-37

图 1-40

添加打印机完成后系统进入 JGcreat 的操作界面（图 1-38）。

因为软件安装后默认的界面是英文界面，所以需要将软件界面切换到中文界面。在主菜单中选择"Settings" > "Configure setting visibility"命令（图 1-39）。

在图 1-40 所示的对话框中，选择"Language"下拉列表的"简体中文"，然后单击"Close"按钮关闭对话框（图 1-41）。

017

图 1-41

关闭软件，再次打开软件即可进入 JGcreat 的中文操作界面（图 1-42）。至此，软件安装完成。

图 1-42

3. 初识 JGcreat 切片软件

模型的切片对于 3D 打印必不可少。常用的模型切片软件有 Cura、Slic3r、Printrun、SIMPLIFY3D 以及国内的一些 3D 打印机厂商开发的软件等。经过使用对比，不论是参数设计还是界面操作，模型切片软件都有很多相同的地方。JGcreat 的一些功能和界面的设置以及软件的操作都比较方便。对一些随意摆放的模型，JGcreat 的平放功能很实用，操作起来也比较简单，另外就是软件的填充类型和参数选择多样。

JGcreat 的工具栏如图 1-43 所示。

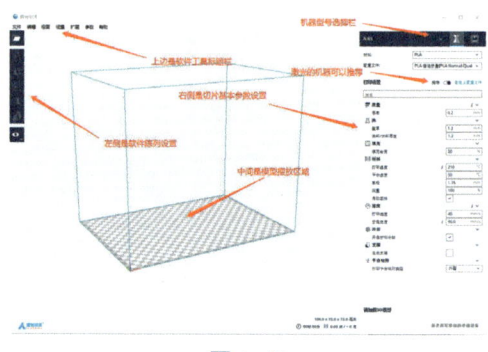

图 1-43

4. 切片

单击软件左上角文件夹图标按钮，选择需要切片的模型文件（图 1-44）。这里打开一个杯托模型。

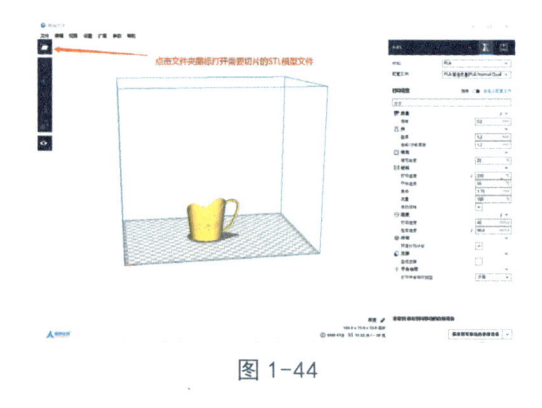

图 1-44

打开一个模型文件时，当 JGcreat 主界面右下角的进度条滚动结束后，就说明模型切片已经完成（图 1-45）。

第1章　3D打印基础知识

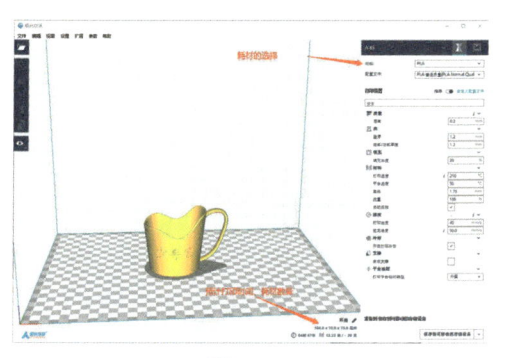

图 1-45

这里需要说明的是模型切片完成不一定表示模型就一定打印成功。初学者把切片后的模型打印失败归因于 3D 打印机性能不佳，这是不科学的。要分析寻找每一次失败的原因才能让你更快地成长为 3D 打印高手。各种打印失败的模型分别见图 1-46、图 1-47、图 1-48。

图 1-46

3D 打印需要根据模型的结构、打印材料等进行切片参数及其他工艺参数设置才能使打印成功。

下面介绍切片软件的参数设置以及每个参数对于 3D 打印的影响。打开主菜单"设置">"配置设置可见"命令，弹出"参数"选择对话框（图 1-49），

在切片基本参数设置中默认栏的设置为一般设置，也可以单击齿轮小图标进行高级设置（图 1-50）。

（a）

（b）

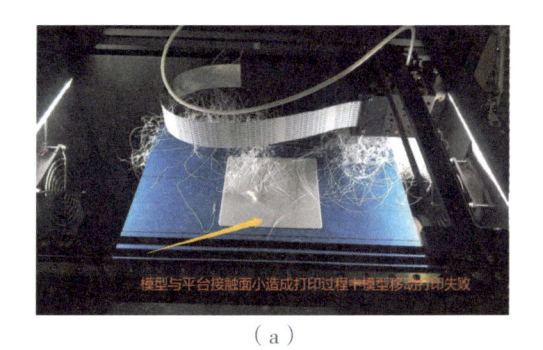

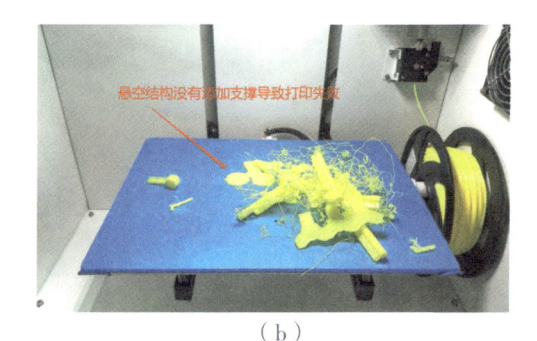

图 1-47

图 1-48

层高：主要用于设置打印层的厚度。层高是最基本的参数，也是对打印质量影响最大的参数。一般层高参数设置在 0.1～0.3mm。层高直接影响打印机喷嘴

019

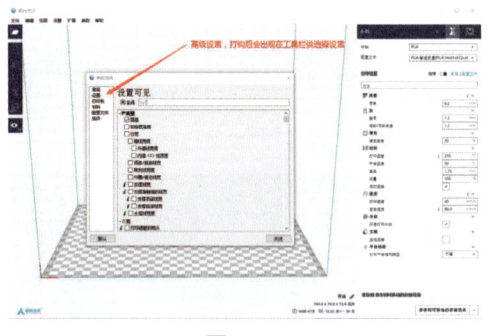

图 1-49

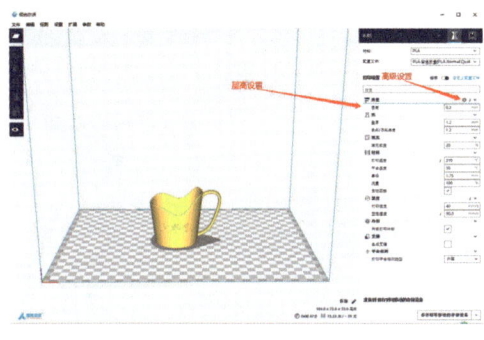

图 1-50

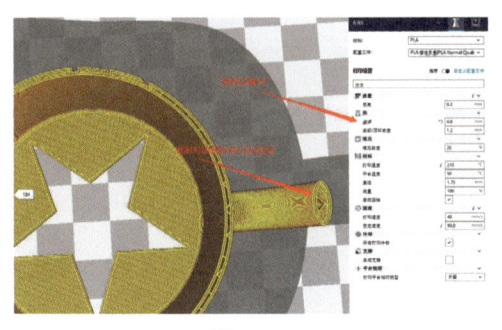

图 1-51

预览中直观地看到模型的打印预览效果（图 1-52）。

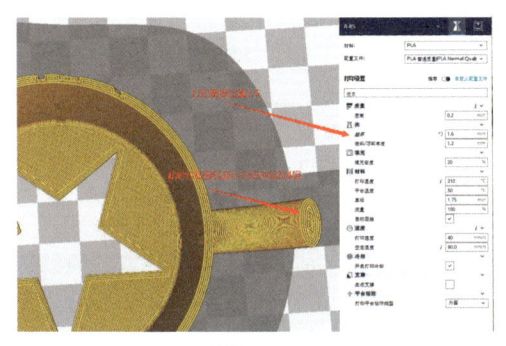

图 1-52

喷丝的粗细，层高数据越小，打印出来的模型精度越高，表面摸起来越光滑。但是层高数据越小意味着打印的时间也会越长。层高数据设置越大打印速度越快，但是模型不够精细。所以，使用者需要根据自己的实际需要来设置。

壁厚：是指模型打印过程中水平方向外壁的厚度，通俗地说就是指外壳的厚度。壁厚参数的设置值必须大于喷嘴的直径，一般默认值设置成喷嘴直径的整数倍。模型外壁的厚度直接影响边缘走线的次数和结构强度（图 1-51）。

对比不同的参数变化，可以在模型

底部/顶部厚度：参数决定了打印模型底部和顶部的厚度（图 1-53），也影响上、下表面的视觉效果（起始表面和最后的封口表面）。通过底部和顶部的厚度可以计算出打印模型实心层的数量。这个参数应该是层高的整数倍，而且这个参数越接近层高，打印的模型结构强度就越均匀。

填充密度：这个参数的数值范围为 0~100%，打印实心模型的时候设置为100%，打印空心模型时的设置为 0，一

第1章　3D打印基础知识

般设置为20%，因为填充密度为20%时模型的外观不受影响（图1-54）。当打印的模型需要受力，或者要求强度很高时，建议适当调高填充密度来增加结构强度（例如：3D打印门把手）。

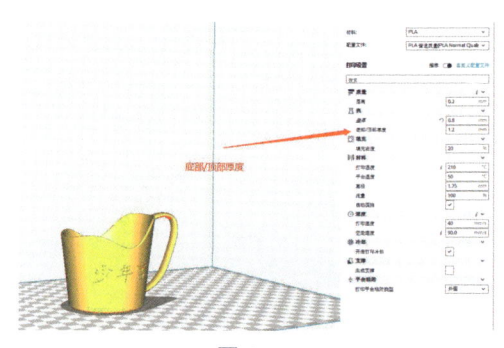

图1-53

（a）

（b）

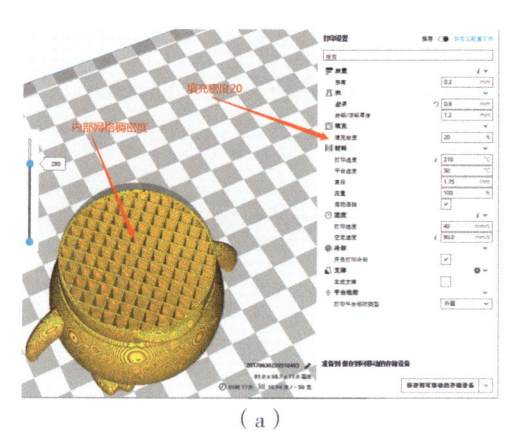

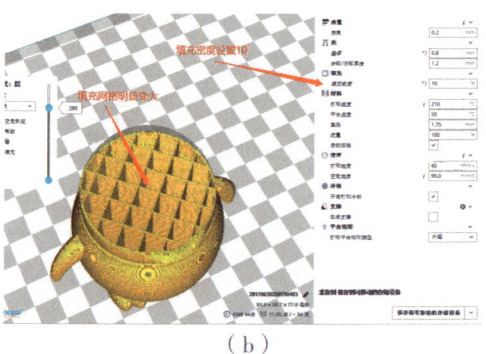

图1-54

打印温度：即打印时打印机喷嘴的温度（图1-55）。PLA材料一般设置为210℃，ABS材料一般设置为230℃，TPU一般设置为200℃。

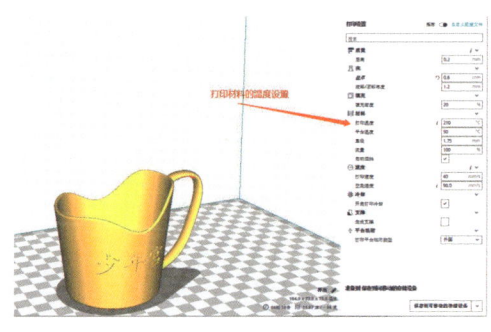

图1-55

平台温度：也叫热床温度。3D打印机A8S带有热床功能。带热床功能的打印机的热床温度，一般设置为60℃（图1-56）。

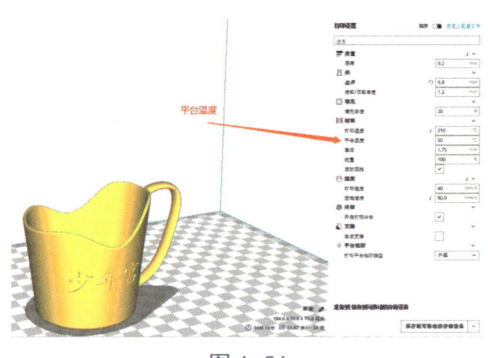

图1-56

直径：指打印机耗材线材的直径。每种打印机所使用的耗材是不同的，比如利用3D打印的广告行业，使用的耗材直径一般为3mm，大多数创客教育使用

021

的耗材直径一般是 1.75mm。所以，此参数需要根据 3D 打印机所使用的耗材选择（图 1-57）。

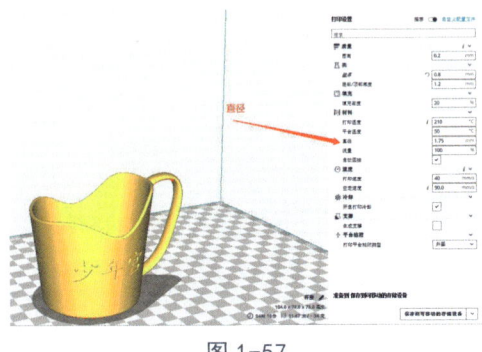

图 1-57

流量：是指出丝的比例，一般设置为 100%（图 1-58）。

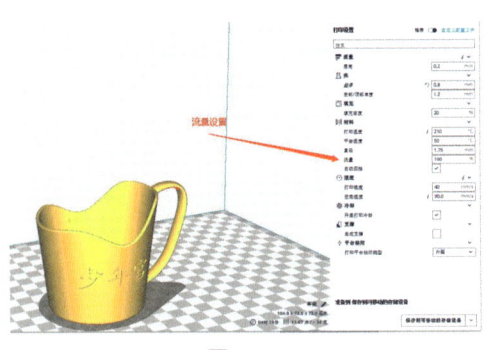

图 1-58

打印速度：是指打印机喷嘴的移动速度（图 1-59）。一般建议最快不超过 150mm/s，而且为了使获得的模型外观有更好的质量，建议设置为 60mm/s 左右。太快了，容易造成步进电机丢步，对机器的使用寿命也不利。打印速度要根据打印机和模型的需求来选择。创客教育一般设置为 60mm/s。3D 打印广告字制作时打印速度设在 100mm/s 以上，因为广告发光字无支撑，结构简单，同时也是为了提高生产效率。

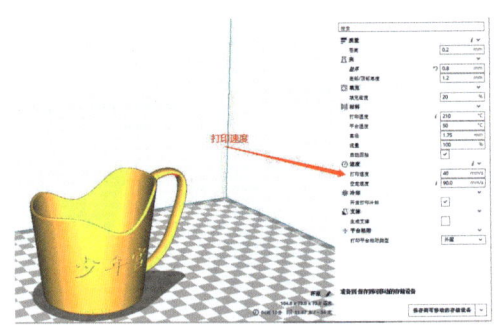

图 1-59

空走速度：是指打印机在不打印的状态下喷嘴的移动速度（图 1-60）。一般设置高一点以节省时间，大多情况下设置为 90 左右。

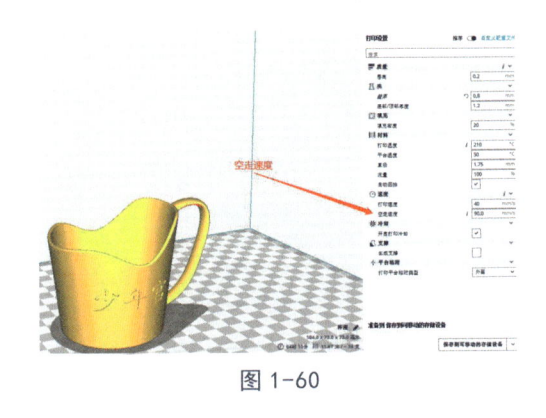

图 1-60

打印冷却设置：设置主要是指是否打开打印机的风扇即冷却系统（图 1-61），一般在打印 PLA 和快速打印模

第1章　3D打印基础知识

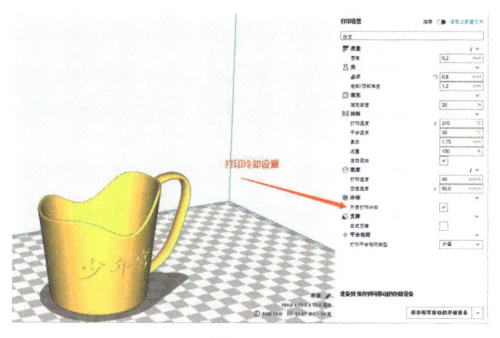

图 1-61

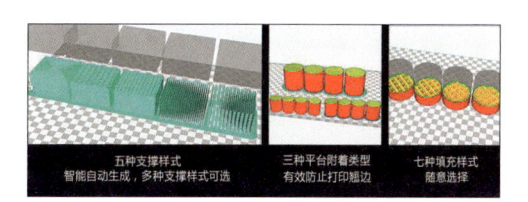

图 1-63

型时建议打开，也可以根据实际室内温度进行调节。

支撑设置：是切片设置中非常重要的一个参数设置。这一项设置的选择直接决定模型打印的成功与否。JGcreat提供了很多支撑参数供大家选择，初学者推荐使用默认参数，即设置生成角度支撑即可（图1-62）。

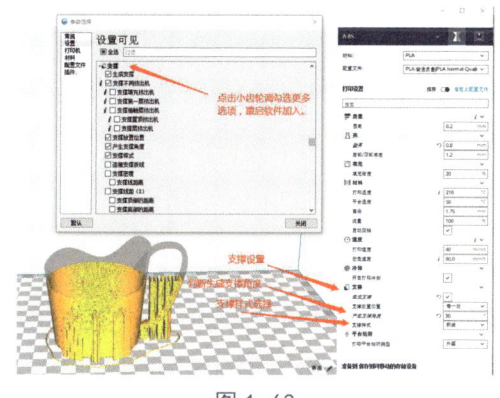

图 1-62

JGcreat有5种支撑样式和7种填充样式供用户选择（图1-63），这也是笔者喜欢这款切片软件的原因之一。很多

3D打印爱好者很关心什么样的结构需要添加支撑。加支撑与否也是3D打印爱好者经验分享比较多的地方，比如有"45°原则"。即判断模型的悬空结构变化是否超过45°，超过45°即认为需要增加支撑。事实上，支撑的添加需要考虑很多因素，比如打印速度、冷却速度、材料等。支撑很重要，但也不可强行随意添加支撑。不合理的支撑不仅造成打印模型后期难以剥离，还会破坏模型结构。

合理的模型摆放可以避免很多不必要的支撑（图1-64）。支撑材料一般会在模型打印完成后剥离，所以构图也会对打印支撑产生影响。打印复杂模型的3D打印玩家一般在构图的时候就在考虑打印过程以及支撑结构等问题了。

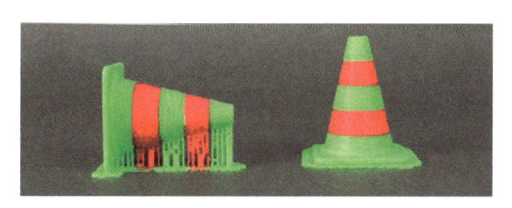

图 1-64

023

这里所说的需要剥离支撑的打印机是指一般校园创客空间用3D打印机。一些新3D打印机用水溶性材料双喷头打印可以使去除支撑变得更简单。比如Ultimaker 3 Extended 打印机的支撑就不需要剥离打磨，只需要在打印完成后将打印模型放在水里，模型的水溶性材料支撑就会自动溶解脱落（图1-65）。Ultimaker 3 Extended 打印机价格比较高，因此性价比低，在学校的创客空间中用到的多数是性价比较高的打印机。

（a）

（b）

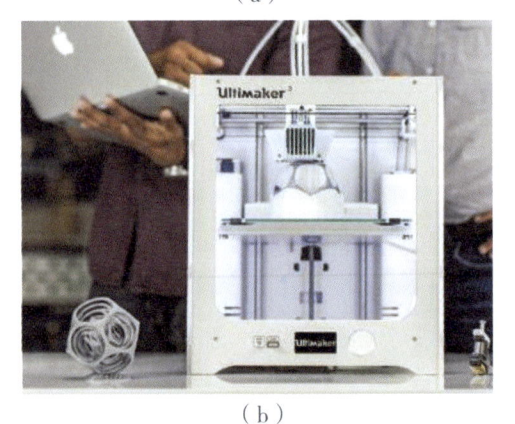

图 1-65

1.6 认识三维建模软件

三维建模也叫三维创意设计，是指通过数字化软件将脑海中的模型结构进行三维图像绘制的过程。三维创意设计是3D打印在当前创客教育中的灵魂所在。如果仅通过下载一些别人的模型打印作品，那只能将别人设计的模型或者想法实现，不是自己的创意，这与创客教育精神是不符合的。必须认真学习三维建模软件来实现自己的创意。

开始三维建模（图1-66），首先要选择一款合适的三维建模软件，目前三维建模软件五花八门，而每个人的需求又各种各样，不是每一个软件都适合自己的需求。比如，一个孩子想做一个小发动机，用3DS MAX来建模，就肯定不行；而另一位同学想要做一个动画片中的公仔，用SolidWorks来做就肯定做不好。并不是说设计者的实力不足或者软件功能不够，而是不同的软件在设计软

图 1-66

件之初就赋予了它独特的功能定义。正所谓尺有所短寸有所长，选择一款合适的建模软件来学习非常重要。因为本书主要针对创客教育，所以选择针对创客教育的软件中望 3D One 来介绍。在开始介绍中望 3D One 之前先分别介绍几款软件供读者对比学习参考。

1. 3DS MAX

3D Studio MAX（图 1-67），简称为 3DS MAX 或 MAX，是 Autodesk 公司开发的三维制作软件。软件的定位是三维动画的渲染和制作，早期用于电脑游戏中的动画制作，后用于影视片的特效制作，例如《X 战警 II》《最后的武士》等。软件的最新版本是 3DS MAX 2018。这款软件具有强大的渲染功能，所以用来建模也可以做人物、动物等不规则的模型。由于软件的定位是做动画的，所以可以非常容易地根据设计图调整模型到所需的动作形态。但是这款软件的尺寸精度不高，无法达到工业标准。建模操作比较简单，上手有一定难度。多数朋友用这款软件来做建筑动画和室内设计。这款软件在创客教育中应用不多，所以不推荐作为中小学创客教育的软件。

2. SolidWorks

SolidWorks 软件（图 1-68）是一款优秀的工程软件，具有装配功能，适合用来设计制作一些机械结构的模型，像齿轮、车、发动机等。软件的建模、渲染、仿真功能都很强大。但是，应用在创客教学中也反映出一些问题，一是中小学生反映这款软件的操作指令不容易掌握，二是软件对电脑硬件有一定的要求，需要电脑的配置较高。

图 1-68

3. UG

UG（图 1-69）是一款功能挺强大的三维建模软件，用于工业，也可用于制作模型。UG 的曲面设计功能非常强大，装配功能略有不足。很多做模型的朋友使用这款软件，推荐在创客教育中

图 1-67

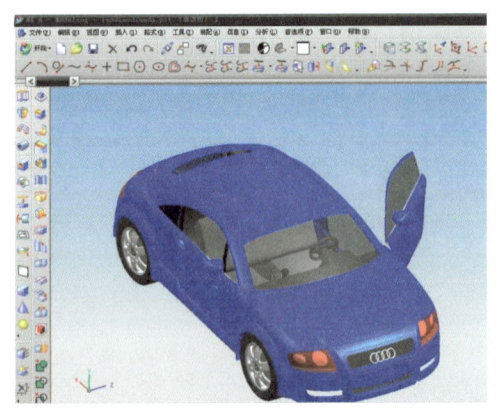

图 1-69

使用，但上手有难度。

4. SketchUp

SketchUp 又名谷歌草图大师（图 1-70），是一款深受欢迎的 3D 设计软件，甚至有人把它比喻为电子设计的"铅笔"。这款软件在一定程度上和中望 3D One 有很大的相似性。两者都具有独特简洁的界面，相对容易学习掌握。这款软件具有方便的推拉功能，能快速生成任何位置的剖面。另外，与 AutoCAD、Revit、3DS MAX 等软件结合使用，可以快速导入和导出 JPG、3DS 等格式的文件。同时也具备中望 3D One 类似门、窗、柱等形状组件强大的功能，适合 3D 打印爱好者使用。

5. Maya

这款软件是 Autodesk 开发的顶级三维动画软件（图 1-71），渲染后效果是电影级别的。很多电影效果就是利用 Maya 制作的。知名的科幻电影角色像《木乃伊》《异形》中吃人的怪物都是用这个软件制作的。Maya 的建模精细度比 3DS MAX 高，但是操作难度也大很多，用作中小学创客教育的 3D 打印不合适。

图 1-71

6. ZBrush

ZBrush（图 1-72）是一款定位数字雕刻和绘画的软件。它的功能非常强大，可以做出高达 10 亿个多边形的

图 1-70

第1章　3D打印基础知识

模型。它可以把任务的皱纹、头发丝等效果做到极致。甚至在做人物模型的时候连它的雀斑都绘制得一样。很多3D打印照相馆都使用这款软件。整体来说，它的功能和Maya相当，但是比Maya容易使用。很多做游戏的人也在用这款软件。建议3D打印深度爱好者使用。一般不是打印人物肖像不建议使用此软件。

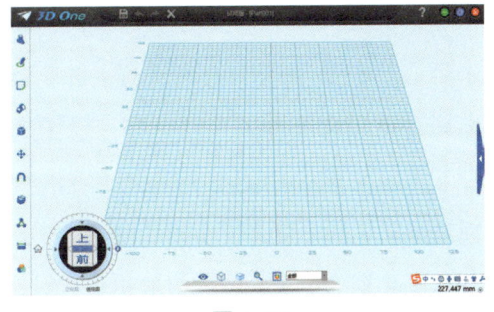

图1-73

1.7　认识中望3D One

1. 什么是中望3D One

中望3D One是由中望软件公司开发的一款专门为青少年实现三维创意设计的三维建模工具。相比创客教育的其他三维建模软件，中望3D One具有很多教育方面的独特优势：首先是界面和操作指令简单，学生可以轻松学习；其次是中望3D One指令模块丰富，作图仿佛搭积木；最后也是最重要的是内嵌全国学习社区，提高了学生学习、分享的兴趣，激发了学生的三维设计的学习热情。

图1-72

7. 中望3D One

中望3D One（图1-73）是国内首款青少年三维创意设计软件，更适合启发青少年的创新学习思维。智能简易的3D设计功能，让创意轻松实现。还能一键输入3D打印机，并且内嵌学习社区、配套的教学相关资源，让青少年创客教育课程开展变得更容易！中望3D One的一系列特点使之成为当前创客教育学生建模软件的首选。

2. 中望3D One的不同版本

不同版本的中望3D One适合不同需求的老师和学生。中望3D One目前有教育版、家庭版、Plus版3种版本。家庭版永久免费，但是相对可以实现的功能也较少。教育版是当前中小学使用最多的版本，而且随着版本更新、电子元器

027

件等新功能的加入，功能不断强大，越来越适合中小学生的创客教育。Plus 版本相对前两种版本更专业一些，操作指令和可以实现的功能也更强大，可以实现动画和复杂装配体等功能的演示。

3. 中望 3D One 的下载使用

软件下载可以登录官方下载地址：http://www.i3done.com/3Done/，然后按照自己的需求选择版本下载安装。软件都有试用期。试用期结束后，可以用豌豆兑换使用时间。长期使用，需要联系中望软件公司购买永久激活码。

4. 中望 3D One 界面布局

中望 3D One 的主界面如图 1-74 所示。

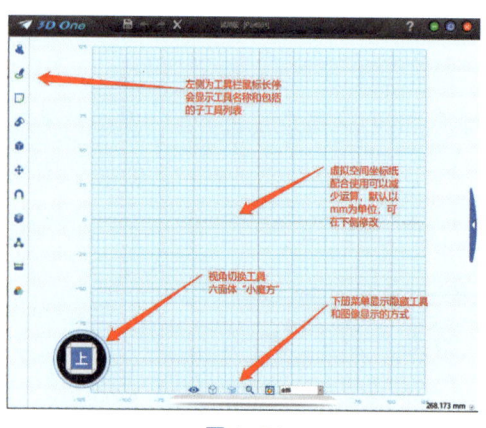

图 1-74

5. 基本操作说明

中望 3D One 相对于 SolidWorks 等软件的优势很大程度上在于软件的操作。它不像其他软件具有很多复杂的需要记忆的组合键操作，而是用鼠标配合键盘的少量操作即可完成建模。

鼠标在这款软件中是重要的指令输入源。在中望 3D One 中鼠标的左键、右键和滚轮是使用最多的工具。其中，左键用来选定目标，包括实体和线条。按住左键可以拖动实体。按住鼠标右键可以切换和改变视角。转动鼠标的滚轮主要实现放大和缩小视角。

1.8 选择合适的 3D 打印机

3D 打印机对于创客老师来说非常重要，正所谓"工欲善其事必先利其器"。一台好的 3D 打印机会让创客成果完美地"物化"。3D 打印机是创客教育"造物"实现"物化"的重要途径。3D 打印机将三维数字模型转换成实物模型。所以，3D 打印机应该和电烙铁一样，成为创科空间的标配设备器材。

大家不要把 3D 打印机想得太复杂。其实，对于创客老师来说，DIY 自己动手制作一套 3D 打印机是一件非常简单的事情，比装多轴飞行器容易得多。3D 打印机会 DIY 后，DIY 雕刻机、激光切割机就都没问题了。但是，DIY 的器材有一定的局限性，如打印精度要比商业化产品差很多。所以，还是建议学校或者个人配备产品级打印机。

正如前面介绍的，当前创客空间中配备得最多的 3D 打印机按照成型的类型来区分基本都是 FDM 打印机。当然，也有个别地方配备金属打印机或者树脂打印机的，但因成本问题绝对是少数。FDM 打印机大致可以分为 3 种，第一种是 I3，第二种是三角洲，第三种是 CoreXY。

3 种打印机的打印原理都一样，都是逐层累加，唯一不同的是运动方式。

I3 可以理解为打印的模型在 Y 轴上移动，喷头在 X 轴和 Z 轴上移动。其优点是结构简单，每个电机负责一个轴的运动，调试也很方便。

三角洲（图 1-75）可以理解为打印模型始终保持不动。如果要让喷头走一条直线，3 个电机能同时运动，只不过每个电机运动量不同而已。由于结构复杂很多，如果出现打印模型尺寸不准确，很难判断哪个电机出了问题。三角洲打印机成型平台比较小，但高度尺寸较大，适合打印塔状的、高高细细的模型。打印其他形状的模型不建议使用三角洲打印机。

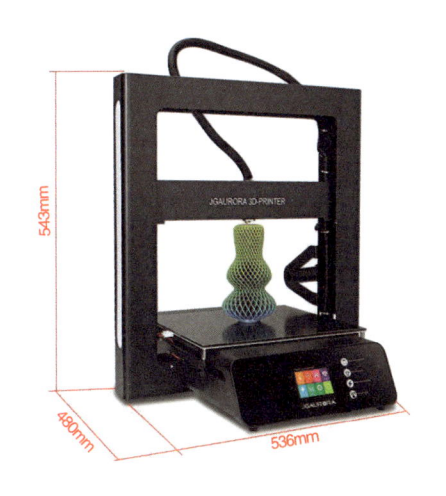

（a）

（b）

图 1-75

CoreXY（图1-76）和I3差不多，每个电机负责一个轴的运动，也有2个电机同时负责X轴和Y轴运动的，只是每个电机的运动量不同。I3的喷头是在X轴和Z轴上移动的，模型在Y轴上移动。CoreXY的喷头在X轴和Y轴上移动，模型在Z轴从上到下移动。由于Z轴在打印过程中，每次下降的幅度很小，因此对模型的影响也小，成型效果理论上就会好一些。推荐使用CoreXY，原因很简单，其结构、原理简单，成本相对便宜，成型效果能满足创客教育的需求。

图1-76

第 2 章

融合蒙元文化与3D打印的创客课例

2.1 内蒙古自治区蒙元文化介绍

蒙古族是一个历史悠久而又具有传奇色彩的民族。蒙元文化丰富多样，是中华文化的一个重要阶段和组成部分。元代的蒙古族主政者从草原来到中原，接受了中原文化，也带来了游牧文明，形成了特有的蒙元文化。蒙元文化有鲜明的游牧文化特点，又广泛融入了中原农耕文化，吸纳了西域文化的有益成分，为中华传统文化注入了强劲的活力。蒙元文化以展现蒙元时期蒙古族文化为内容，是蒙古汗国大业中留下的历史足迹。同时，以成吉思汗、忽必烈为杰出代表的蒙元帝国在13—14世纪的辉煌，打通了自唐末以来东西方300多年没有沟通的屏障，构架了东西方文化的交流。它涵盖了蒙古族的起源，萨满教和喇嘛教文化，蒙医传统疗法，祭祀文化，蒙古包文化，蒙古族传统礼仪、饮食、服饰、民间艺术及娱乐游戏等。

成吉思汗是蒙古族崇敬的民族英雄。他在13世纪初统一了蒙古族各部，建立了蒙古汗国，横跨欧亚两洲，震撼世界，成为"一代天骄"。蒙古族祭祀成吉思汗的习俗最早始于窝阔台时代，到忽必烈时代正式颁发圣旨。规定祭成吉思汗的各种祭礼，并使之日臻完善。成吉思汗陵位于内蒙古自治区鄂尔多斯市伊金霍洛旗。祭成吉思汗陵是蒙古族最隆重、最庄严的祭祀活动，简称祭成陵（图2–1）。

图 2–1

第2章 融合蒙元文化与3D打印的创客课例

祭成陵沿袭古代传说的祭礼。祭礼一般分为日祭、月祭和季祭，都有固定的日期。祭品齐全，有整羊、圣酒和各种奶食品，并举行隆重的祭奠仪式（图2-2）。每年农历三月二十一日的春祭规模最大、最隆重，各盟、旗派代表或个人前往成陵奉祭。

祭苏鲁锭。苏鲁锭是成吉思汗的军徽，蒙古民族最珍重的古代文物之一。苏鲁锭也是成吉思汗远征时所向披靡的旗徽，是太平盛世时的吉祥物。蒙古族在每年农历三月十七日隆重举行祭苏鲁锭仪式。祭祀时，祭桌上摆放整羊、马奶酒和其他奶食品等供品。参加祭祀的蒙古族同胞络绎不绝，各自带着祭品，虔诚地叩拜苏鲁锭，借以表达对成吉思汗的敬仰，缅怀成吉思汗的丰功伟绩。

（a）

（b）

（c）

图2-2

2.2 3D建模苏鲁锭课例

1. 苏鲁锭

在成陵供奉着成吉思汗的军徽——镇远神矛苏鲁锭（图2-3）。苏鲁锭的缨穗用99匹公马鬃制成。祭坛高15.4米，直径54米（图2-3a）。

2. 课程目标

（1）通过仔细观察苏鲁锭的图片和影像资料，了解蒙元文化，明白苏鲁锭的意义。

（2）通过绘制苏鲁锭的三维数字模型，锻炼学生的三维数字建模能力，培养学生的空间立体思维。

033

（a）

（b）

图 2-3

（3）通过苏鲁锭模型的上色、渲染，引导学生感受"美"，发现"美"，创作"美"。

（4）培养学生热爱民族传统文化的情感，引导学生探索文化发展的历史。

3. 制作过程

（1）打开中望3D One，单击"小魔方"按钮，选择"草图绘制">"直线"命令，在基本面上绘制所示图形（图2-4）。绘制完成后单击绿色"√"按钮保存线框图绘制（线条绘制过程中注意要让线条封闭且没有交叉）。

（2）单击上一步绘制的条形线框图，在弹出的命令列表中选择"拉伸"命令，设置拉伸高度为6mm。设置完成后单

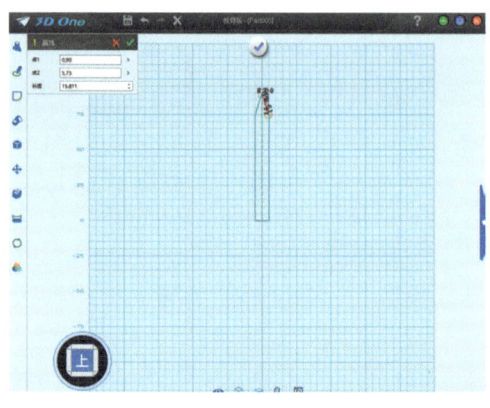

图 2-4

击左侧对话框中绿色"√"按钮并保存（图2-5）。

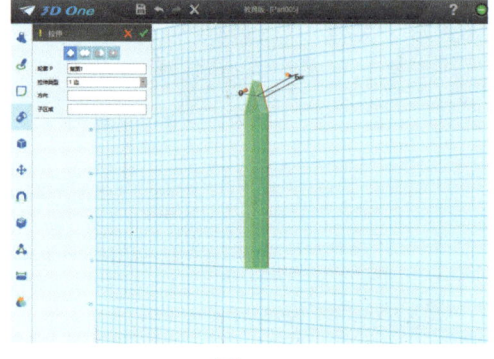

图 2-5

（3）选择"草图绘制""直线"命令和"多点绘制曲线"命令，在基准面上绘制平面图形（图2-6）。注意连接右侧端口使线条封闭。绘制完成后，单击左侧对话框中绿色"√"按钮和中间的"√"按钮保存线框图绘制。

（4）单击上一步绘制的条形线框图，在弹出的命令列表中选择"拉伸"命令，设置拉伸高度为6mm（图2-7）。设置完成后，点击左侧对话框中绿色"√"按

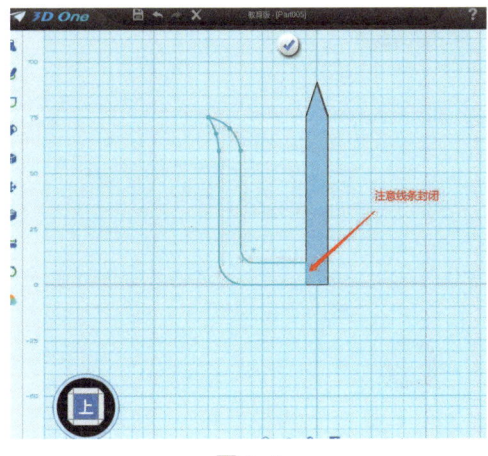

第2章 融合蒙元文化与3D打印的创客课例

图 2-6

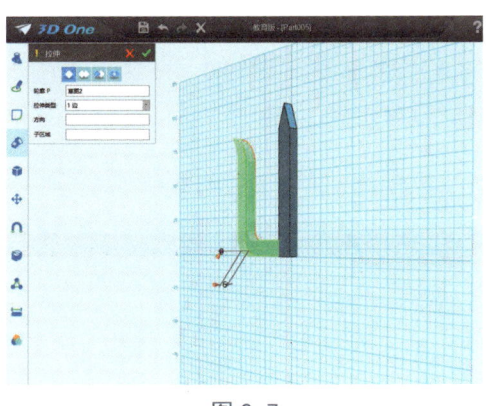

图 2-8

图 2-7

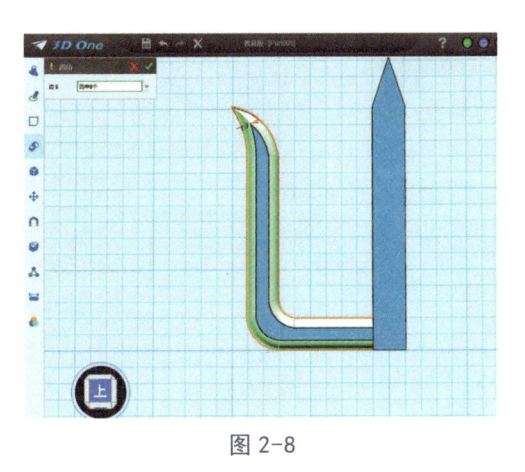

图 2-9

钮保存。

（5）单击选择模型的棱边选择线条，在弹出的工具列表中选择"圆角"命令，依次选择左侧棱的全部线条，设置圆角半径为3mm（图2-8），完成后单击左上角对话框中"√"按钮并保存。

（6）单击选择模型中间部分的棱边线条，在弹出的工具列表中选择"圆角"命令，然后依次选择全部线条（图2-9），设定圆角半径为4mm，设置完成后单击左上角对话框中"√"按钮并保存。

（7）选择左侧的"L"型结构部分单击，在弹出的命令列表中选择"移动"命令，选择"动态移动模式"（图2-10），设置移动距离为4mm。设置完成后，单击左上角对话框中"√"按钮并保存。

（8）在左侧工具命令列表中选择"基本编辑" > "镜像"命令，在弹出的命令栏选择左侧实体为镜像对象。镜像方式选择线，选择点（0，100，0）和点

035

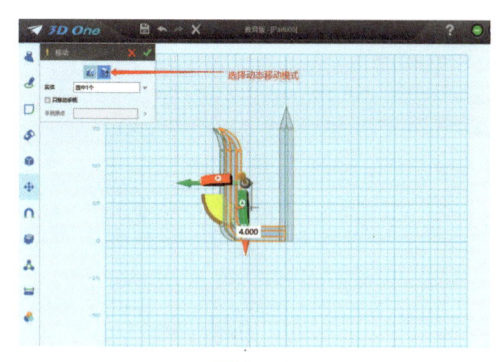

图 2-10

（0，-35，0）为镜像对称轴（图 2-11）。设置完成后单击左上角对话框中"√"按钮并保存。

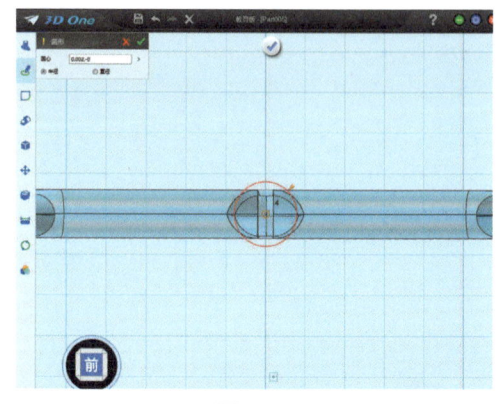

图 2-12

（10）单击上一步绘制的圆形平面，在弹出的命令列表中选择"拉伸"命令，设置拉伸长度为 200mm。设置完成后单击左侧对话框中绿色"√"按钮并保存（图 2-13）。

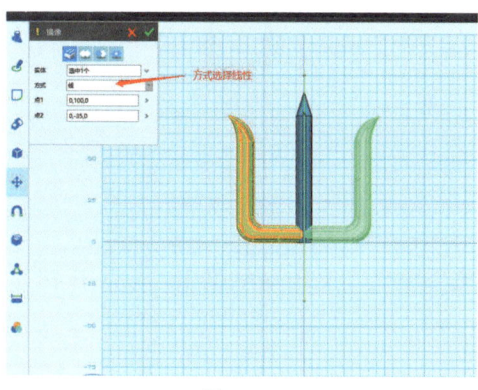

图 2-11

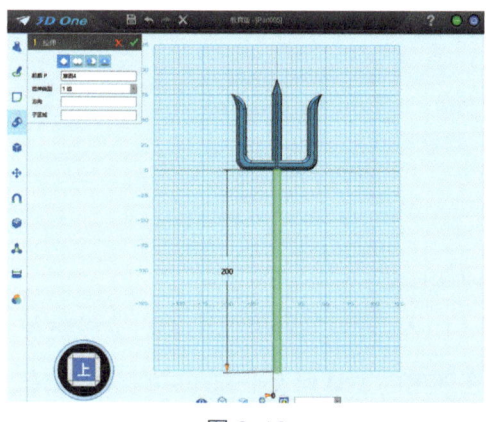

图 2-13

（9）选择视图为前视图，再选择"草图绘制"＞"圆形"命令，在中间部分的底面上绘制一个半径为 4mm 的圆形。绘制完成后单击对话框中的绿色"√"按钮和中间"√"按钮保存（图 2-12）。

（11）切换视图为前视图（图 2-14），选择"基本实体"＞"圆柱体"命令，以底部杆的中心为圆心绘制一个半径为 15mm、高度为 3mm 的圆柱。设置完成后单击左侧对话框中绿色"√"按钮保存。

036

第2章 融合蒙元文化与3D打印的创客课例

设置完成后单击左侧对话框中绿色"√"按钮保存（图2-16）。

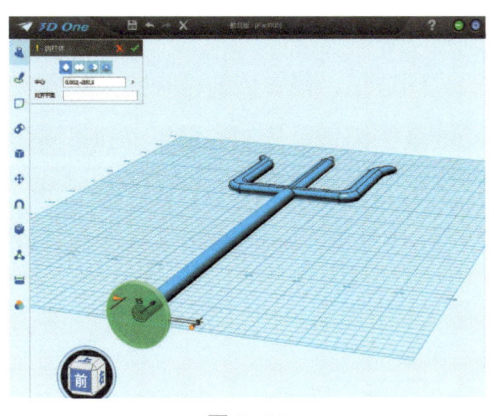

图 2-14

（12）切换视图为前视图（图2-15），选择"基本实体"＞"圆柱体"命令，以底部圆柱的边缘为圆心绘制一个半径为10.5mm、高度为40mm的小圆柱。设置完成后单击左侧对话框中绿色"√"按钮保存。

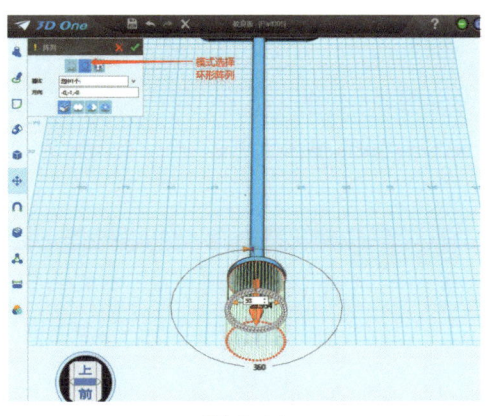

图 2-16

（14）在左侧工具命令列表中选择"组合编辑"命令，在弹出的命令栏中选择大圆柱体实体为基体，选择阵列的50个小圆柱体为合并体（图2-17）。设置完成后单击左上角对话框中"√"按钮并保存。

图 2-15

（13）单击上一步绘制的小圆柱，在弹出的命令列表中选择"阵列"命令，模式选择"环形阵列"，数量设置为50。

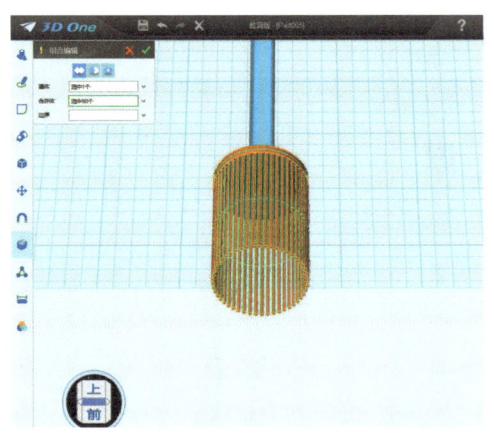

图 2-17

037

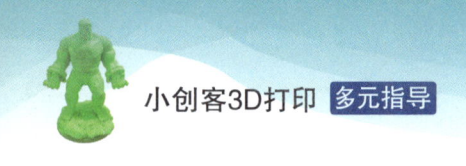

（15）单击选择组合编辑的实体（图2-18），在弹出的命令列表中选择"移动"命令，模式选择"动态移动"，距离设置 –190（即将组合体移动到上方）。设置完成后单击左上角对话框中绿色"√"按钮并保存。

图 2-18

（16）选择左侧工具栏中最下方的"颜色"命令，分别对苏鲁锭的3个部分进行染色渲染（图2-19）。

图 2-19

4. 课后拓展

到这里，蒙古族的精神象征苏鲁锭三维数字模型就绘制完成了。如果同学们还想进一步了解和苏鲁锭有关的故事，请到网上和图书馆查找有关成吉思汗和苏鲁锭相关的网页或资料吧。

2.3　3D 建模蒙古包课例

1. 蒙古包简介

蒙古包是蒙元文化的重要代表之一。很多世纪以来，蒙古包（图 2-20）就一直是蒙古族最具代表性的特征物。正如丹麦探险家亨宁·哈士伦所说："蒙古包神圣的火焰是家庭与部落生活的中心，传统就是在这里产生的。那些围绕在蒙古包周围的，有着部落最古老和基本特征的语言和氛围被一代又一代传承下来，成为沟通古与今的桥梁。"

图 2-20

蒙古包包内宽敞舒适。它是用特制的木架做"哈那"（蒙古包的围栏支撑），用2至3层羊毛毡围裹，之后用马鬃或驼毛拧成的绳子捆绑而成。其顶部用柳条棍做支架并盖上毛毡，以呈天幕状。其圆形尖顶开有天窗，上面盖着方块羊毛毡，可通风、采光。蒙古包既便于搭建，又便于拆卸移动，适于牧民走场居住。蒙古包的最大优点就是拆装容易、搬迁简便。架设时将"哈那"拉开便成了圆形的围墙，拆卸时将"哈那"折叠合回体积便缩小。一顶蒙古包只需要4峰骆驼或1辆双轮牛车就可以运走，几小时就能搭起来。制作不用水泥、土坯、砖瓦，原料非木即毛，可谓建筑史上的创举，是游牧民族对人类文明的一大贡献。

2. 教学目标

（1）通过观察蒙古包的图片和视频资料认识、了解蒙古族文化和生活习惯特点。

（2）通过设计绘制蒙古包的三维数字模型，了解蒙古族"移动的家园"蒙古包的建筑结构特点，培养学生的空间思维能力。

（3）通过观察模型渲染图寻找蒙古族文化元素的特点。

（4）通过整体的三维数字模型的构建培养学生热爱信息技术、热爱民族传统文化的情感。

3. 制作过程

（1）打开中望3D One，单击"小魔方"选择上视图。在基准面上，使用"基本实体">"圆柱体"命令，绘制一个底面半径为40mm，高度60mm的圆柱体。绘制完成后单击左侧对话框中绿色"√"按钮保存绘图（图2-21）。

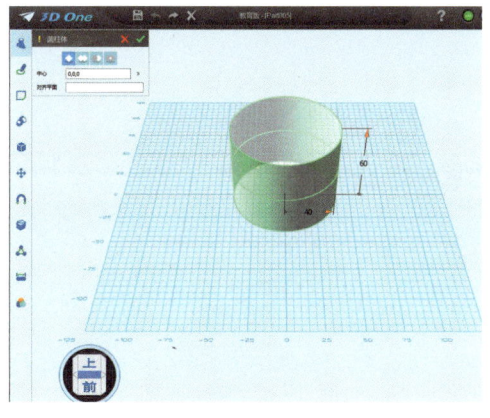

图 2-21

（2）选择左侧工具栏"基本实体">"圆锥体"命令，以绘制的圆柱体上底面圆心为中心，绘制一个圆锥体：设置底面圆半径为45mm，顶面圆半径15mm，高度设置为20mm。设置完成后单击左侧对话框中绿色"√"按钮并保存（图2-22）。

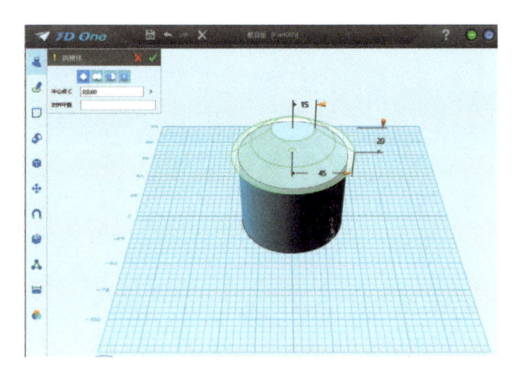

图 2-22

（3）单击上一步绘制的圆锥体的底面圆的边线，在弹出的命令列表中选择"倒角"命令，设置倒角参数为5mm。设置完成后单击左侧对话框中绿色"√"按钮并保存（图2-23）。

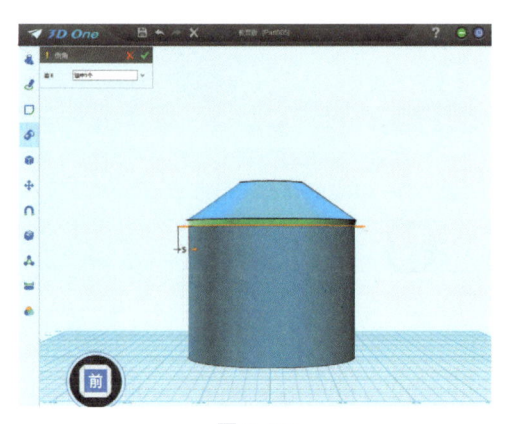

图 2-23

（4）单击左侧工具栏中的"组合编辑"命令，模式选择"加运算"，设置圆柱体为基体，设置圆锥体为合并体，设置完成后单击左侧对话框中绿色"√"按钮保存组合（图2-24）。

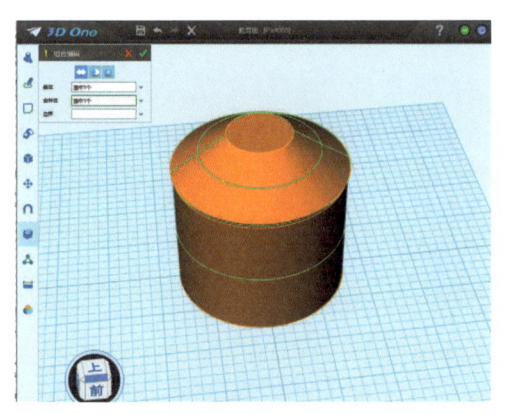

图 2-24

（5）单击组合编辑后的实体，在弹出的命令列表中选择"抽壳"命令，设置抽壳的厚度为-1.5mm，设置圆锥体顶面为开放面。设置完成后单击左侧对话框中绿色"√"按钮并保存（图2-25）。

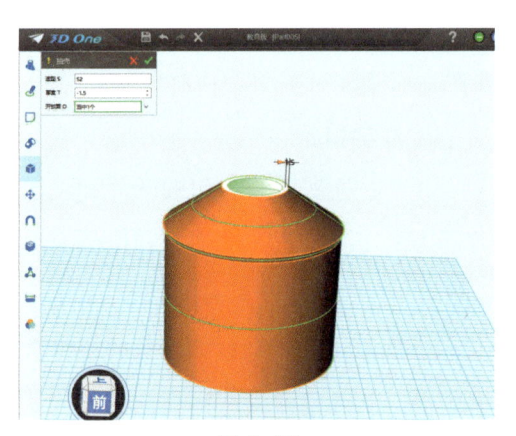

图 2-25

（6）单击魔方选择视角为上视图，选择左侧工具栏"基本实体" > "圆环体"命令，以顶面圆中心为中心绘制圆环，设置圆环半径为5mm，环体截面圆半径为0.8mm。设置完成后点击左侧对话框中绿色"√"按钮并保存（图2-26）。

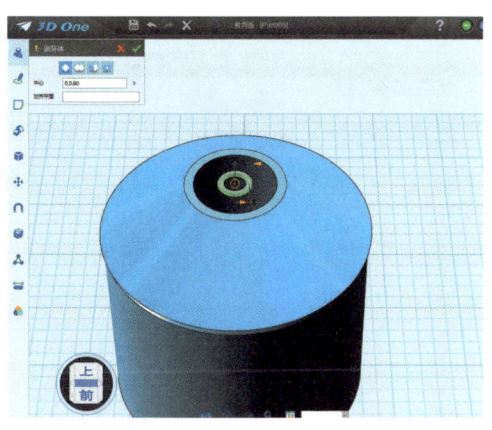

图 2-26

（7）选择左侧工具栏"基本实体">"圆柱体"命令，在圆环所在平面上，绘制一个圆柱体，设置圆柱体半径为0.8mm，高度为13.5mm。设置完成后单击左侧对话框中绿色"√"按钮并保存（图2-27）。

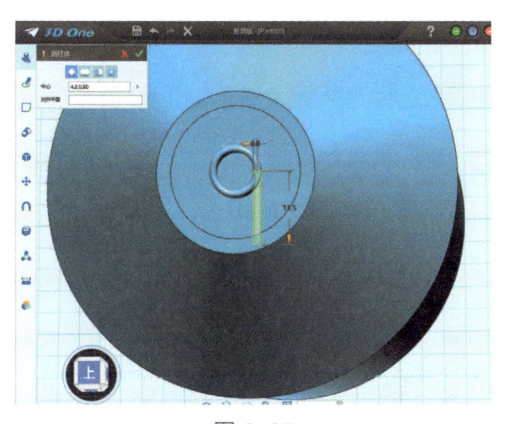

图 2-27

（8）单击上一步绘制的圆柱体，在弹出的命令列表中选择"阵列"命令，模式选择"环形阵列"，设置阵列数量为6。设置完成后单击左侧对话框中绿色"√"按钮并保存（图2-28）。

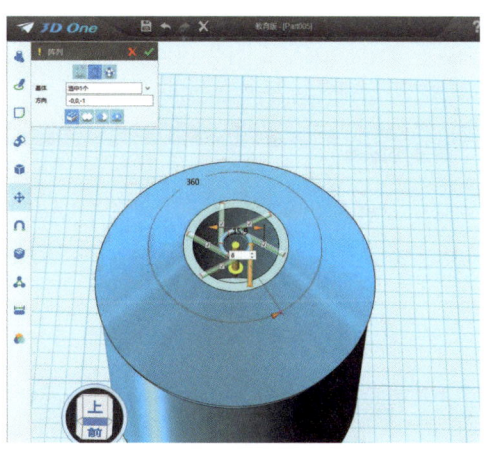

图 2-28

（9）选择左侧工具栏"基本实体">"圆柱体"命令，以圆锥体上的圆环所在平面为基准面，绘制一个圆柱体。设置圆柱体底面半径为1.4mm，高为10mm。设置完成后单击左侧对话框中绿色"√"按钮并保存（图2-29）。

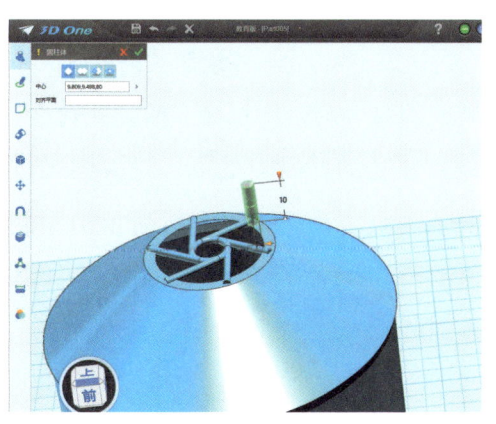

图 2-29

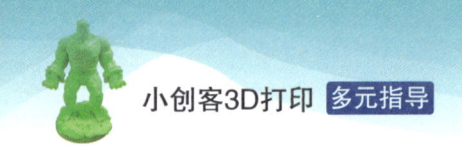

（10）单击上一步绘制的圆柱体，在弹出的命令列表中选择"阵列"命令，模式选择"环形阵列"，设置阵列数量为6。设置完成后单击左侧对话框中绿色"√"按钮并保存（图2-30）。

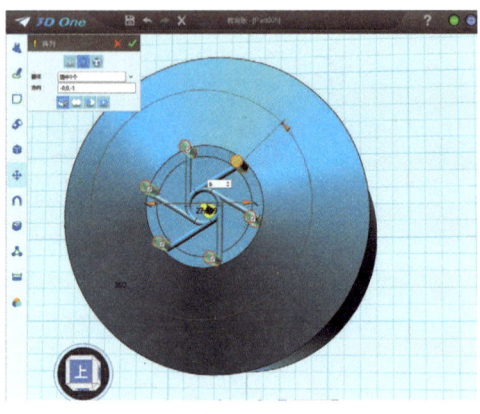

图2-30

（11）单击左侧"基本实体">"圆锥体"命令，以圆锥体上圆环所在平面为基准面，绘制一个圆锥体，设置圆锥体底面半径为25mm、高为12mm。设置完成后单击左侧对话框中绿色"√"按钮并保存（图2-31）。

（12）单击上一步绘制的圆锥体，在弹出的命令列表中选择"抽壳"命令，设置抽壳的厚度为1mm，设置圆锥体底面为开放面。设置完成后单击左侧对话框中绿色"√"按钮并保存（图2-32）。

（13）单击抽壳后的实体，在弹出的命令列表中选择"移动"命令，模式选择"动态模式"，设置移动距离为4.5mm。设置完成后单击左侧对话框中绿色"√"按钮并保存（图2-33）。

图2-31

图2-32

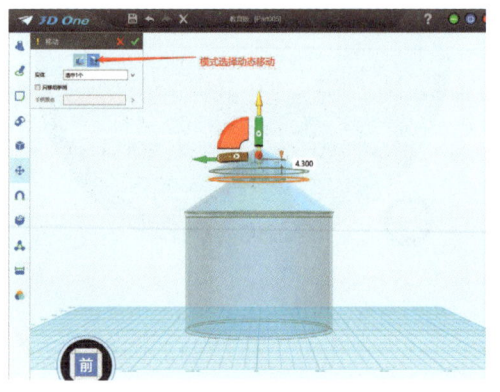

图2-33

第2章 融合蒙元文化与3D打印的创客课例

（14）单击左侧工具栏"基本实体">"球体"命令，在圆锥体顶点处绘制一个球体，设置球体半径为5mm。设置完成后单击左侧对话框中绿色"√"按钮并保存（图2-34）。

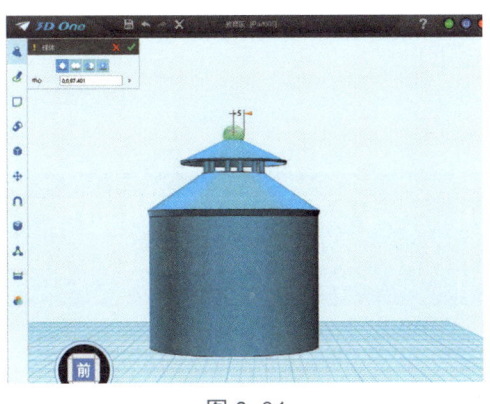

图2-34

（15）单击左侧"基本实体">"圆环体"命令，以基准面上（0，0，0）点为中心绘制圆环体，设置圆环半径为41.5mm，设置圆环截面半径为1mm。设置完成后单击左侧对话框中绿色"√"按钮并保存（图2-35）。

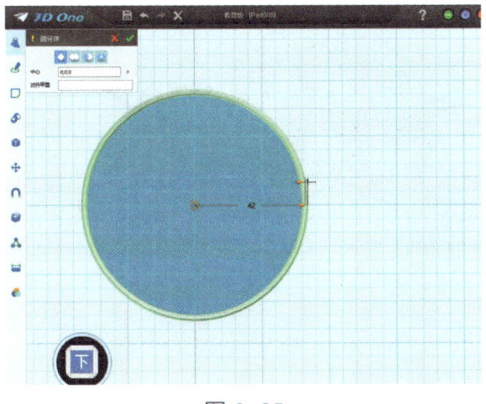

图2-35

（16）单击上一步绘制的圆环体，在弹出的命令列表中选择"阵列"命令，设置模式为"线性阵列"，设置方向为"向上"，设置阵列数量为6。设置完成后单击左侧对话框中绿色"√"按钮保存（图2-36）。

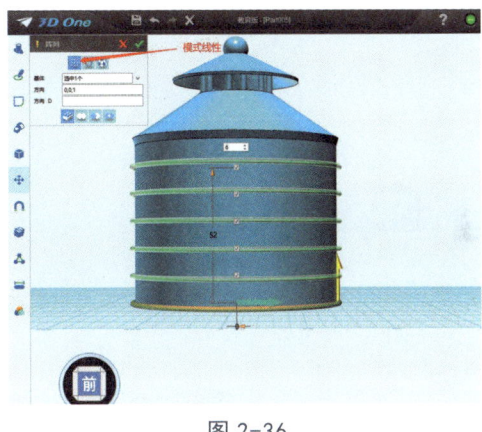

图2-36

（17）单击左侧"基本实体">"圆柱体"命令，以基准面为底面，以（0，-50，0）为中心绘制圆柱体，设圆柱体底面圆半径为20mm，高度为48mm。设置完成后单击左侧对话框中绿色"√"按钮并保存（图2-37）。

（18）单击选择左侧工具栏中的"组合编辑"命令，模式选择"减运算"，设置圆柱体和"围绳"为基体，设置圆锥体为合并体。设置完成后单击左侧对话框中绿色"√"按钮完成组合运算（图2-38）。

（19）最后，选择左侧工具栏"颜色"命令，对模型进行颜色渲染。色调

043

主要以蒙古族常用的白色、蓝色为主。渲染可以使用"Keyshot"进行更细致和优美的渲染（图2-39）。

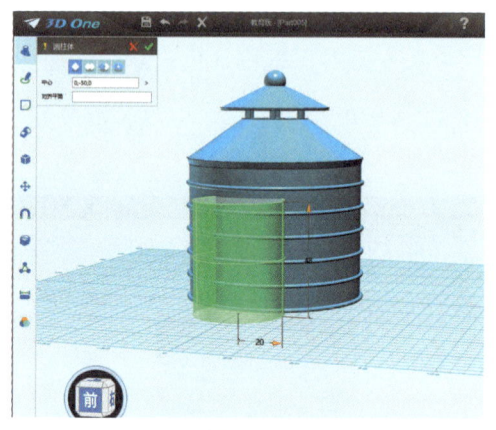

图 2-37

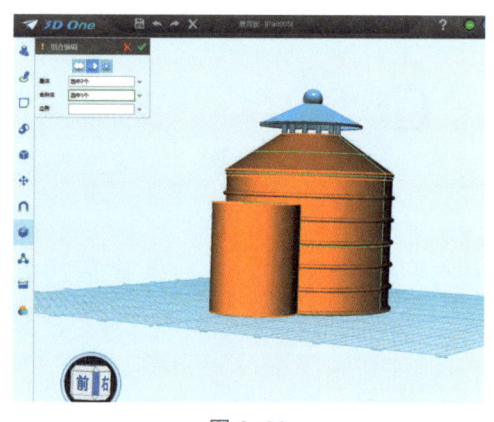

图 2-38

图 2-39

4. 课后拓展

在蒙古民族文化中，颜色是具有代表意义的。蓝色象征蓝天大地，白色象征乳汁，养育生命。想知道关于蒙古族更多的颜色知识，请小创客们上网查阅和搜索资料，让我们比赛看谁了解得更多吧！

2.4 3D 建模勒勒车课例

1. 勒勒车简介

勒勒车又名大轱辘车、罗罗车、牛牛车。"勒勒"原是牧民吆喝牲口的声音。勒勒车因常以牛拉动，故也叫蒙古式牛车。勒勒车是为适应北方草原的自然环境和蒙古族生活习惯而制造的交通工具（图2-40）。

图 2-40

这种车的车轮体高大，车身轻便，对于草地、雪地、沼泽地等有较强的适

044

应能力，损坏也容易修理。正是由于勒勒车具有很强的适应性和易修特性，所以才能一直沿用下来。勒勒车一直是蒙古族牧人重要的交通工具。庞大的勒勒车队是由十几辆甚至几十辆车组成的，驾车的往往只是妇女或儿童。为了不使车队走散，每头牛的犄角都用绳子相连，最后一辆车拴有大铃铛，叮当叮当地响，以便使前面的人能够听到。历史上，蒙古族大都擅长骑马征战，军民合为一体。由于勒勒车在雪地和深草中行走迅速，因而在战争中时常作为战车使用。在平时生产生活中，勒勒车主要用于拉水和运送燃料，倒场迁居时装载蒙古包和其他生活用品。"行则车为室，止则毡为庐"。曾几何时，勒勒车就是牧民流动的家。随着现代化的进程勒勒车逐渐被汽车代替，就要在人们的视野中消失了。

2. 文化的传承

2008 年，白音查干（图 2-41）被内蒙古自治区文化厅确定为第一批区级非物质文化遗产项目代表性传承人。2009 年，他又被确定为国家级非物质文化遗产项目代表性传承人。白音查干是内蒙古自治区阿鲁科尔沁旗罕苏木苏门塔拉小组的一位老牧民。过去，牧区搞游牧生产，勒勒车是必须具备的生产、生活、交通工具，每家每户都有数辆勒勒车。

图 2-41

白音查干从小受到父亲和表哥的影响，学会了勒勒车的修理和制作技艺。从 16 岁开始，白音查干便跟随生产队羊群放牧，闲暇时修理和制作勒勒车。遇到什么难题时，他向老工匠请教，最终成为制作勒勒车的国家级非物质文化遗产项目代表性传承人。

3. 教学目标

（1）通过观看勒勒车的图片和音像资料，让学生了解蒙古族曾经的重要交通工具，了解勒勒车的文化历史。

（2）通过使用中望 3D One 绘制三维数字模型的勒勒车，培养学生的空间立体思维，引导学生应用信息技术还原历史文物，感受勒勒车时代的蒙古族文化。

（3）通过勒勒车的结构分析，掌握勒勒车的设计过程，了解勒勒车的结构和细节，认识勒勒车的结构优点和特点。

（4）通过民族文化背景的课程导入，引导学生热爱民族文化，学习历史文化，

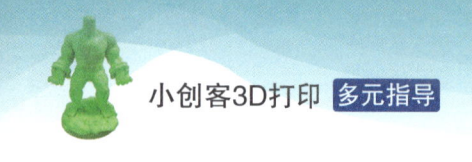

培养学生保护和弘扬民族文化的情感。

模型打印过程和成品展示如图2-42和图2-43所示。

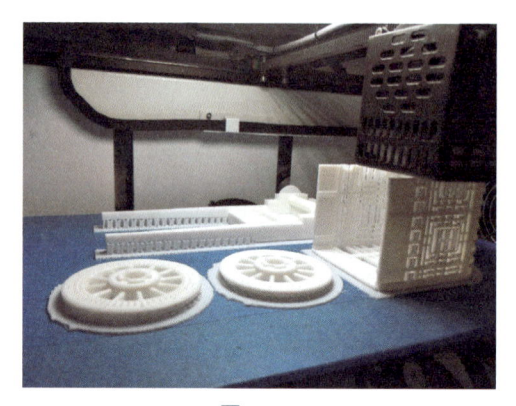

图2-42

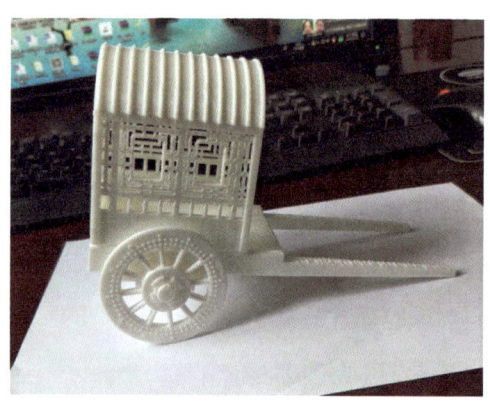

图2-43

4. 制作过程

（1）双击中望3D One程序图标运行程序，单击"小魔方"选择视图为正视图，再单击左侧工具栏"草图绘制">"矩形"命令，画一个长100mm、宽8mm的长方形。绘制完成后单击左侧对话框中绿色"√"按钮和中间"√"按钮，保存长方形绘制（图2-44）。

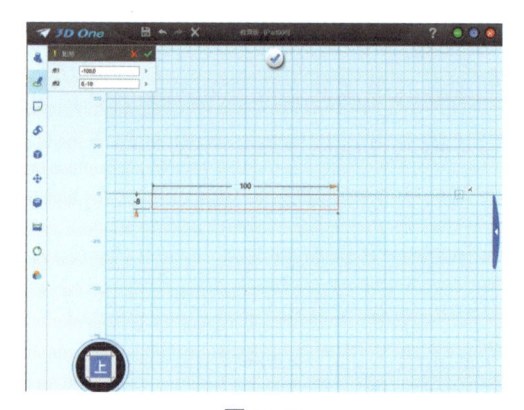

图2-44

（2）单击上一步绘制的长方形平面，在弹出的命令列表中选择"拉伸"命令，设置拉伸高度为8mm。设置完成后单击左侧对话框中绿色"√"按钮并保存（图2-45）。

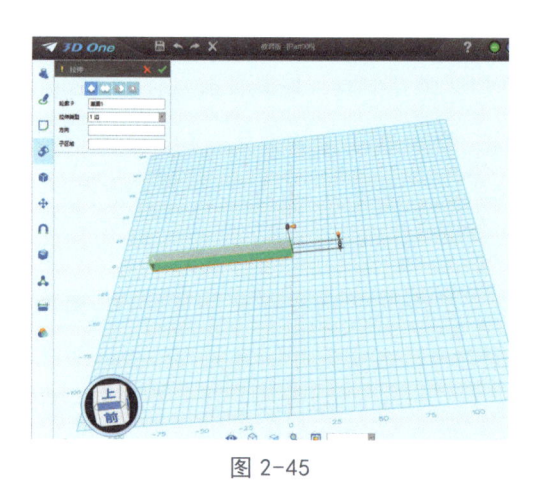

图2-45

（3）单击上一步绘制的长方体的右侧面，在弹出的命令列表中选择"拉伸"命令，设置拉伸长度为120mm。设置完成后单击左侧对话框中绿色"√"按钮并保存（图2-46）。

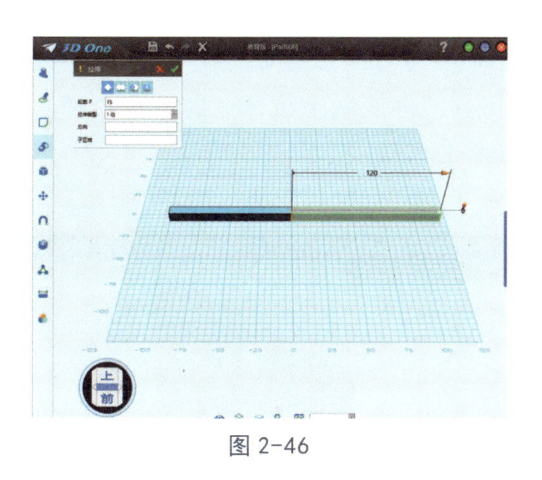

第2章 融合蒙元文化与3D打印的创客课例

图 2-46

（4）单击左侧边的长方体，再单击选择下方工具栏中的"显示隐藏">"隐藏实体"命令，隐藏左边实体。然后，单击选择实体，在左侧工具栏"特殊功能">"锥削"命令，选择左边平面为基准面，设置"锥削因子"为0.5。设置完成后单击左侧对话框中"√"按钮并保存。

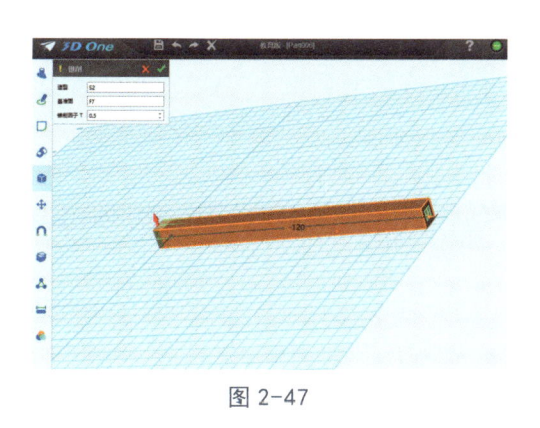

图 2-47

（5）选择左侧工具栏单击"特征造型">"圆角"命令，再选择锥削后的长方体的棱为圆角的棱，设置圆角半径

为1mm。设置完后单击左侧对话框中绿色"√"按钮保存（图2-48）。

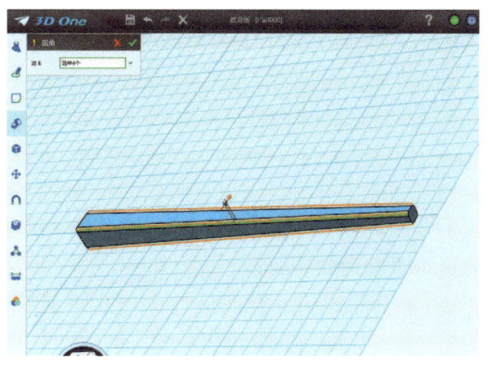

图 2-48

（6）单击"小魔方"选择视图方向为前视图，再选择左侧工具栏"草图绘制">"矩形"命令，以第一个长方体的左上方为顶角绘制一个长6mm、宽5mm的长方形。绘制完成后单击左侧对话框中绿色"√"按钮保存（图2-49）。

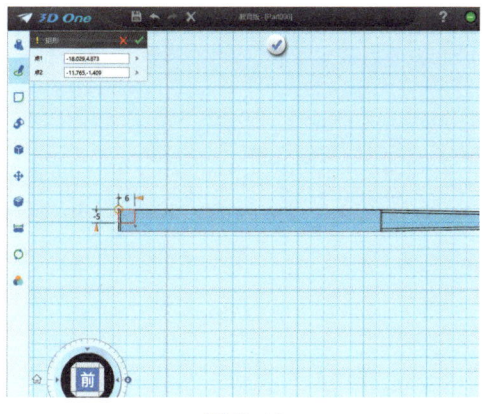

图 2-49

（7）单击上一步绘制的长方形，在弹出的命令列表中选择"拉伸"命令，设置拉伸长度35mm。设置完成后单击

047

左侧对话框中绿色"√"按钮保存（图2-50）。

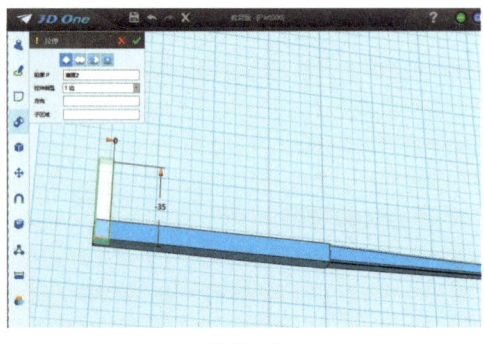

图 2-50

（8）单击上一步拉伸的长方体，在弹出的命令列表中选择"阵列"命令，模式选择"线性阵列"，设置阵列数量为 4 个，阵列范围设置为 94mm。完成后单击左侧对话框中绿色"√"按钮保存（图 2-51）。

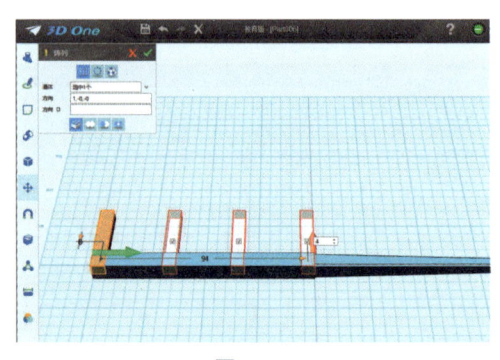

图 2-51

（9）单击"小魔方"选择上视图，在左侧工具栏选择"草图绘制"＞"直线"命令，在基准面上的 X 轴坐标线画一条直线，然后单击绘制好的直线，将此直线拉伸作为以后的参考平面。完成后单击左侧对话框中绿色"√"按钮并保存，再使用隐藏命令隐藏这个平面（图 2-52）。

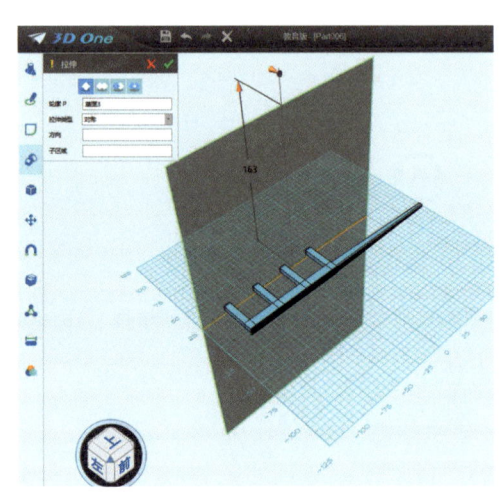

图 2-52

（10）单击"小魔方"切换视图为上视图，在左侧工具栏选择"草图绘制"＞"矩形"命令，于车梁的上方绘制一个长100mm、宽 35mm 的长方形。绘制完成后单击左侧对话框中"√"按钮和中间"√"按钮保存（图 2-53）。

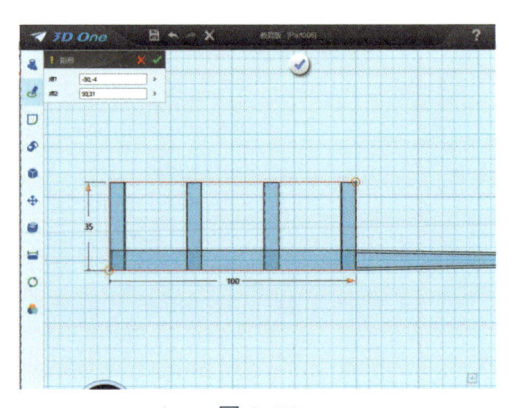

图 2-53

048

第2章　融合蒙元文化与3D打印的创客课例

（11）单击上一步绘制的矩形平面，在弹出的命令列表中选择"拉伸"命令，设置拉伸高度为2mm。设置完成后单击左侧对话框中绿色"√"按钮并保存（图2-54）。

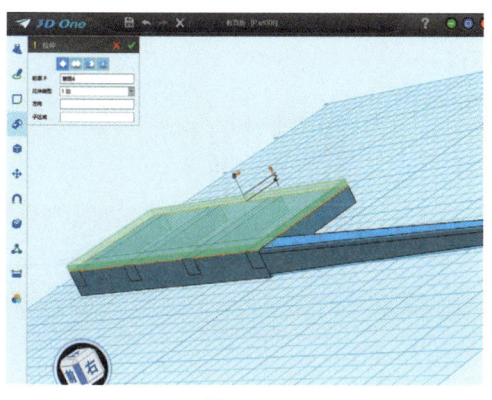

图2-54

（12）单击"小魔方"选择上视图，在左侧工具栏选择"草图绘制">"直线"命令，再在上一步拉伸后的长方体平面上绘制一个边长为4mm的正方形，然后向上拉伸，拉伸高度为60mm。设置完成后单击左侧对话框中"√"按钮并保存（图2-55）。

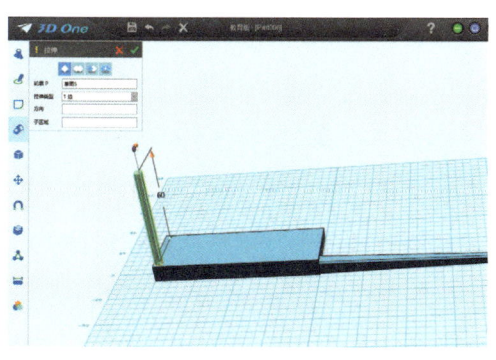

图2-55

（13）单击上一步绘制的长方体，在弹出的命令列表中选择"阵列"命令，模式选择"线性阵列"，阵列数设置为2，阵列长度设置为75mm。设置完成后单击左侧对话框中"√"按钮保存（图2-56）。

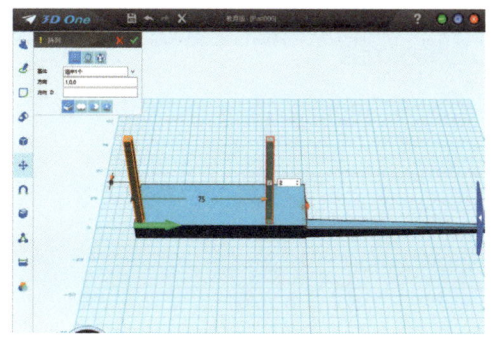

图2-56

（14）单击"小魔方"选择上视图，在左侧工具栏选择"草图绘制">"直线"命令，再在相同平面上，绘制一个边长为3mm的正方形，然后向上拉伸，拉伸高度为60mm。设置完成后单击左侧对话框中"√"按钮并保存（图2-57）。

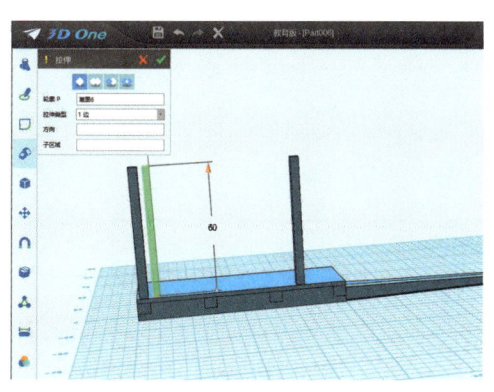

图2-57

049

（15）单击上一步绘制的长方体，在弹出的命令列表中选择"阵列"命令，模式选择"线性阵列"，阵列数设置为3，阵列长度设置60mm（图2-58）。设置完成后单击左侧对话框中"√"按钮并保存。

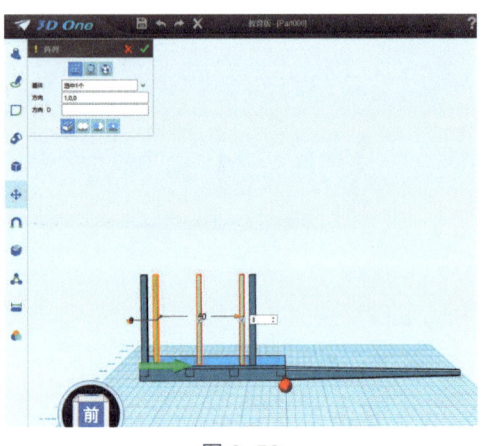

图 2-58

（16）单击"小魔方"选择上视图，选择工具栏"草图绘制">"矩形"命令，以5个长方体柱子上表面为基准面绘制长方形横梁，绘制完成后单击选定平面，再在弹出的命令列表中选择"拉伸"命令，设置拉伸高度4mm得到横梁。完成后单击左侧对话框中"√"按钮保存（图2-59）。

（17）单击"小魔方"选择前视图，在左侧工具栏选择"草图绘制">"矩形"命令，再在中间两长方体的正面表面上，画一个长75mm、宽3mm的长方形。绘制完成后单击选定长方形拉伸得到长方体，拉伸量为-3mm。完成后单击左上角对话框中"√"按钮保存（图2-60）。

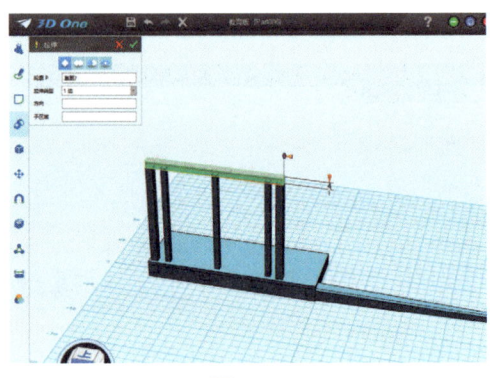

图 2-59

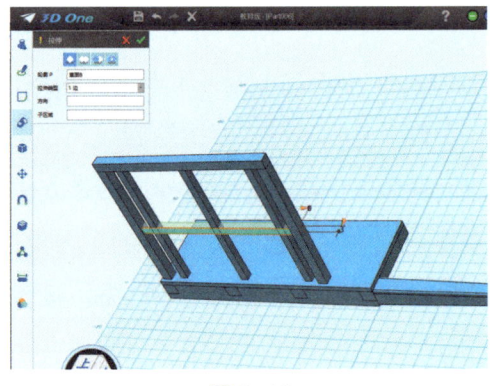

图 2-60

（18）单击上一步绘制的横梁，在弹出的命令列表中选择"阵列"命令，模式选择"线性阵列"，方向选择向下，距离设置为10mm。设置完成后单击左侧对话框中"√"按钮并保存（图2-61）。

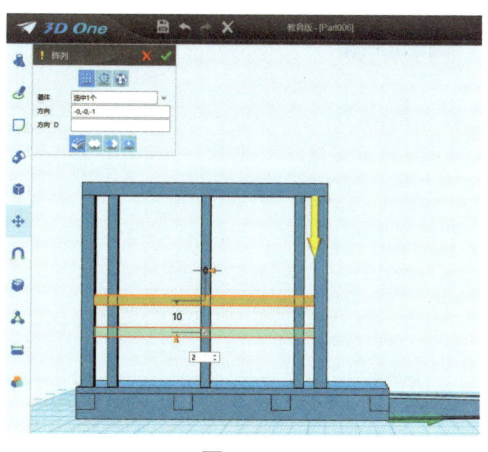

第2章 融合蒙元文化与3D打印的创客课例

图 2-61

（19）单击"小魔方"选择后视图，在左侧工具栏选择"草图绘制">"矩形"命令，底面与第二横梁之间绘制一个矩形平面。绘制完成后单击左侧对话框中"√"按钮并保存（图2-62）。

图 2-62

（20）单击上一步绘制的平面，在弹出的命令列表中选择"拉伸"命令，模式选择"加运算"，设置拉伸厚度为2mm。设置完成后单击左侧对话框中"√"按钮并保存（图2-63）。

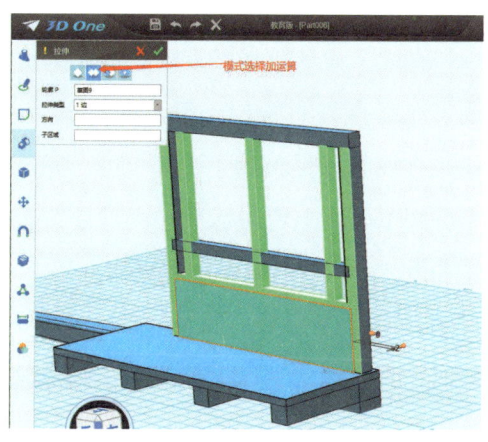

图 2-63

（21）单击"小魔方"选择后视图，在左侧工具栏选择"草图绘制">"矩形"命令，再在勒勒车的矩形"窗口"中绘制矩形（图2-64）。绘制完成后单击左侧对话框中"√"按钮和中间的"√"按钮并保存。

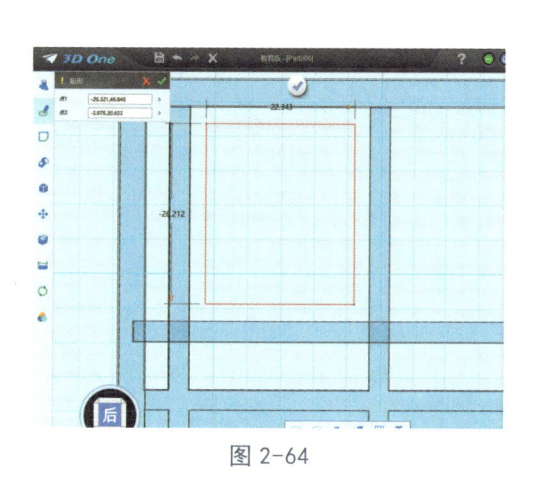

图 2-64

051

（22）在左侧工具栏中选择"草图编辑">"偏移曲线"命令，将上一步绘制的矩形向内侧偏移3层。然后，使用"直线"命令在水平方向绘制4条直线，在竖直方向绘制4条直线。最后，使用直线将图形封闭（图2-65）。完成后分别单击左上角对话框中的"√"按钮和中部的"√"按钮结束操作。

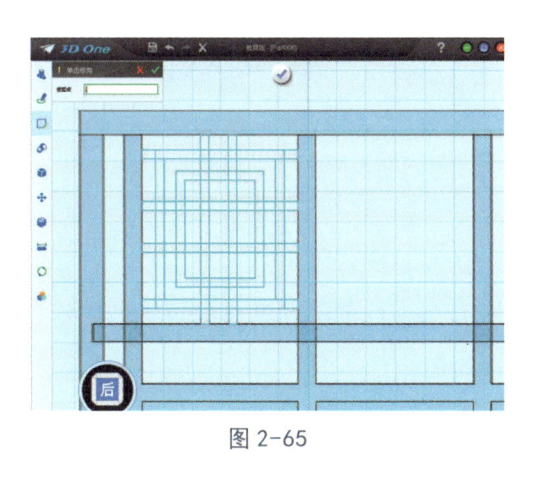

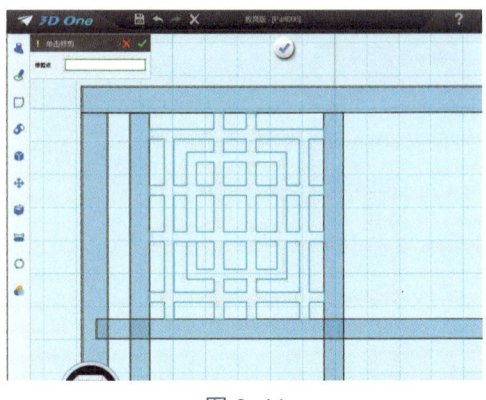

图2-66

图2-65

（23）单击左侧工具栏选择"草图编辑">"单击修剪"命令，选择格子中间的连接线进行修剪，"打通"窗户小格子，使小格子窗子形成封闭面。绘制完成后单击左侧对话框中绿色"√"按钮并保存（图2-66）。

（24）单击"封闭平面"命令，在弹出的指令列表中选择"拉伸"命令，设置拉伸厚度为–3mm。设置完成后单击左侧对话框中"√"按钮并保存（图2-67）。

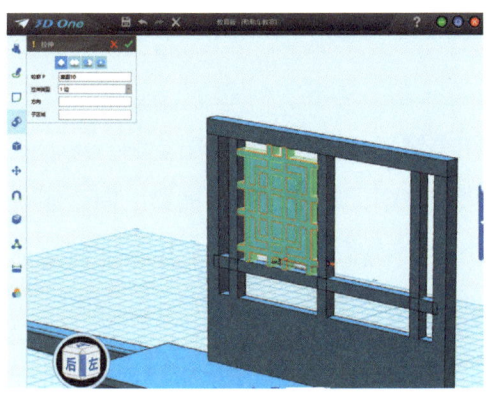

图2-67

（25）单击"小魔方"选择后视图，以车桅杆为平面，在左侧工具栏选择"草图绘制">"矩形"命令绘制矩形，然后单击选择"阵列"命令，方向向下，设置阵列数目为8。绘制完成后依次单击左侧对话框中"√"按钮和中间"√"按钮并保存（图2-68）。

（26）使用相同的方法，再次使用"矩形"命令绘制竖直方向的直线框，绘制完成后使用"阵列"命令，设置阵列数目为8，间距平均。绘制完成后依次单击左侧对话框中"√"按钮和中间"√"按钮并保存（图2-69）。

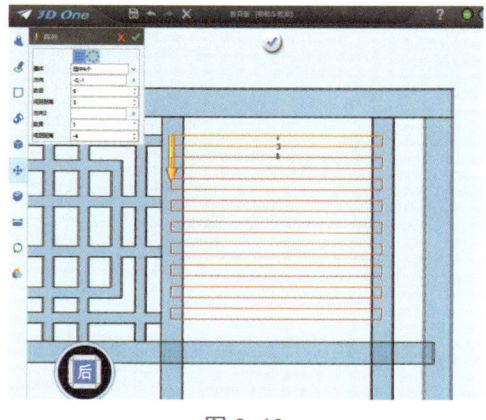

图2-68

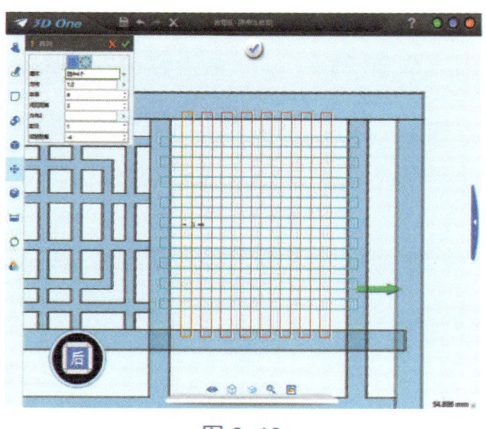

图2-69

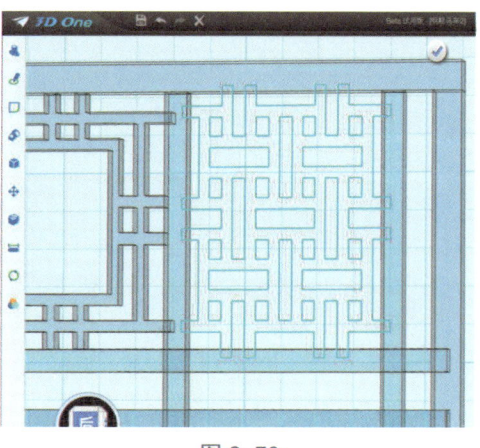

图2-70

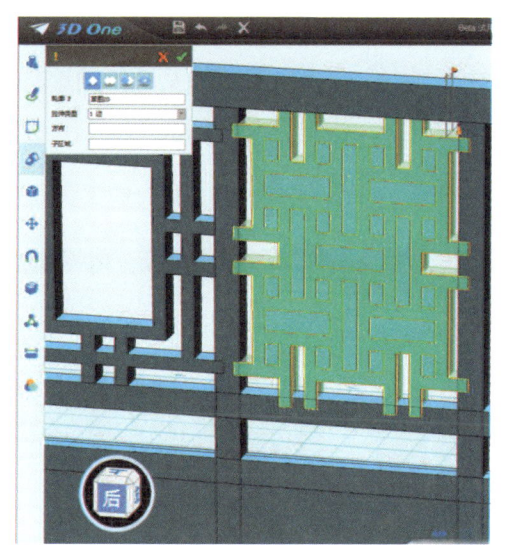

图2-71

（27）单击左侧工具栏"草图绘制" > "单击修剪"命令，修剪线条（图2-70），绘制完成后依次单击"√"按钮并保存。

（28）单击上一步修剪后的图形，在弹出的命令列表中选择"拉伸"命令，设置拉厚度为-3mm。绘制完成后单击"√"按钮并保存（图2-71）。

（29）单击左侧工具栏"草图绘制" > "矩形"命令，选择窗户所在平面为基准面，绘制一个竖直向下的长方形，设置长方形的长为8mm、宽为2mm。绘制完成后单击"√"按钮并保存（图2-72）。

053

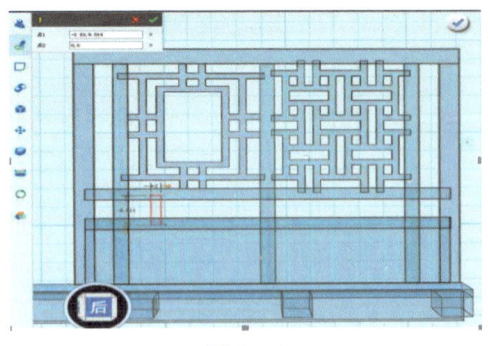

图 2-72

（30）单击上一步绘制的矩形线框，在弹出的命令列表中选择"阵列"命令，设置阵列数量为6。阵列完成后选择"移动"命令，调整长方体位置使其均匀分布。绘制完成后单击"√"按钮并保存（图2-73）。

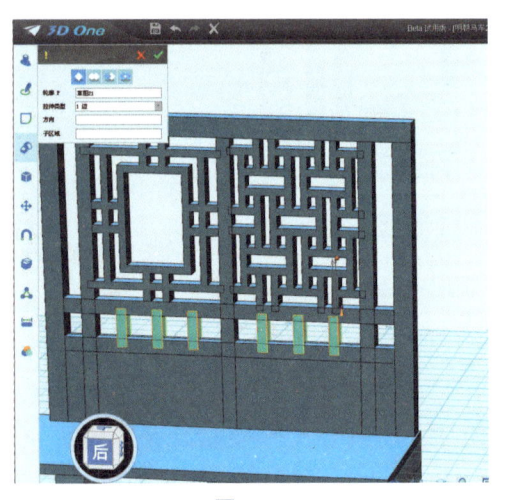

图 2-73

（31）单击"小魔方"选择后视图，选择"草图绘制">"矩形"命令绘制矩形。绘制完成后使用"阵列"命令，阵列得到4个矩形（图2-74）。完成后依次单击"√"按钮并保存。

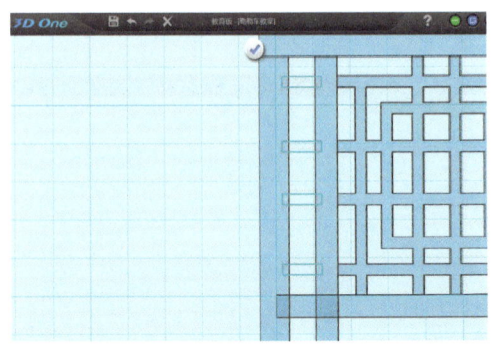

图 2-74

（32）单击左侧工具栏"草图绘制">"直线"命令，绘制2条竖直方向直线贯穿上一步绘制的4个长方形，然后使用"草图绘制">"单击修剪"命令修剪图形，使之形成封闭平面（图2-75）。绘制完成后单击"√"按钮并保存。

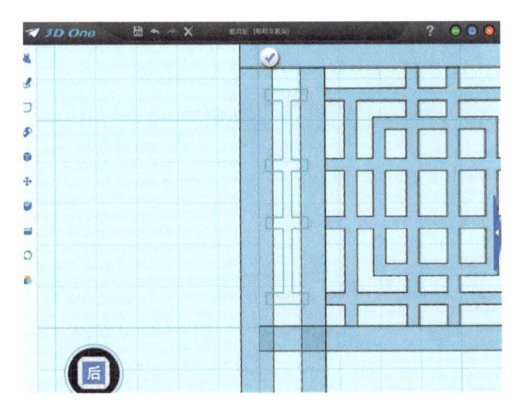

图 2-75

（33）单击"草图绘制">"直线"命令，在车桅杆中间画一条直线作为镜像参考线，然后使用镜像命令进行镜像。镜像完成后将中间的参考线删除（图

2-76)。也可直接使用阵列工具将左侧图像阵列至右侧。

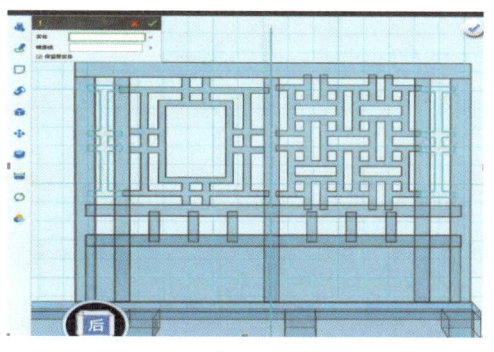

图 2-76

（34）单击上一步绘制的图像，在弹出的命令列表中选择"拉伸"命令，设置厚度为 3mm。绘制完成后单击"√"按钮并保存（图 2-77）。

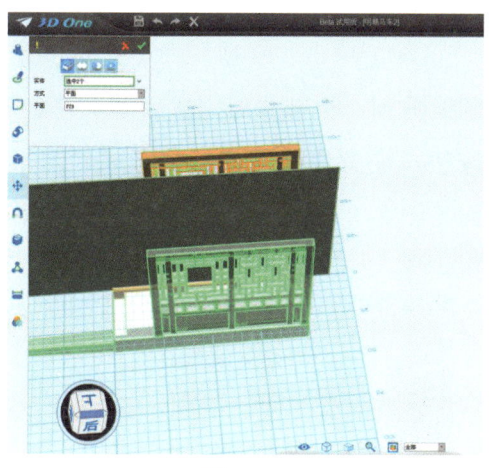

图 2-77

（35）单击小魔方选择前视图，单击左侧工具栏选择"镜像"命令，对马车另外一半进行镜像。镜像后，隐藏参考平面（图 2-78）。

图 2-78

（36）单击"小魔方"选择左视图，以柱子正面为基准平面，使用"矩形"命令画 3 个长方形，绘制长方形的长度为两侧围栏间距。高度设置第一个 4mm，第二、第三个各 3mm。完成后再在竖直方向绘制两个长方体柱子，最后使用"单击修剪"命令修剪线条形成封闭草图（图 2-79）。最后，单击"√"按钮最后反向拉伸 3mm 形成桅杆。

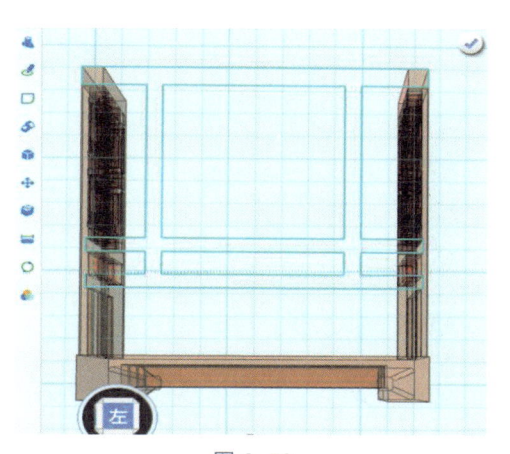

图 2-79

055

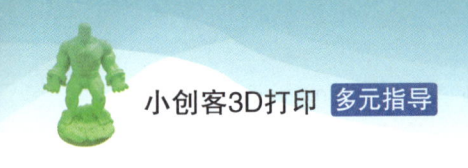

（37）单击"小魔方"选择左视图，选择左侧工具栏"草图绘制" > "矩形"命令，绘制矩形（图2-80）。绘制完成后，单击矩形平面向外拉伸 -2mm。

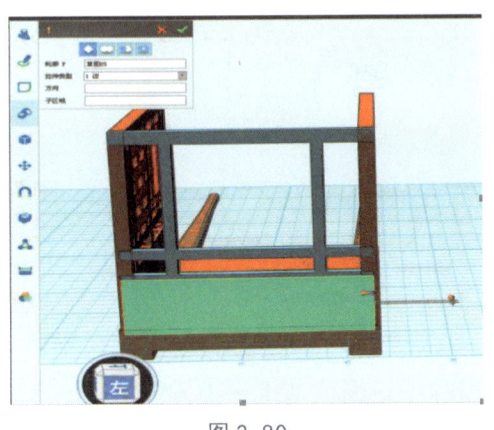

图 2-80

（38）选择左视图，在桅杆中间镂空部分绘制一个高1.5mm长方形。然后，选择长方形进行阵列，阵列方向选择向上，阵列数目设置为8个（图2-81），间距设置为3.23mm（均匀即可）。

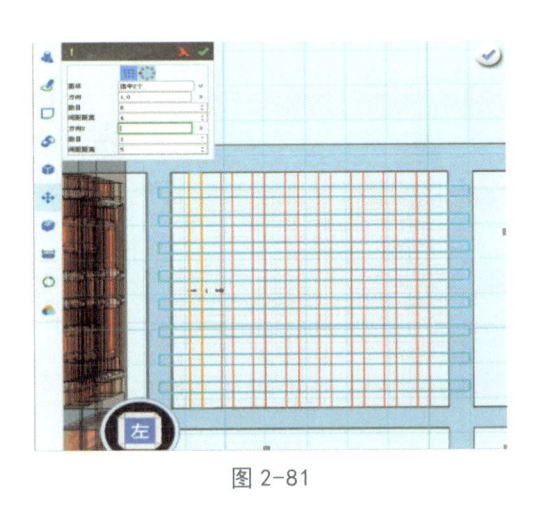

图 2-81

（39）在左视图中，使用"矩形"命令绘制竖直方向的长方形。绘制完成后，使用"阵列"命令对其进行阵列操作，阵列方向向下，阵列数目设置为8（图2-82），阵列距离设置为3.23mm。

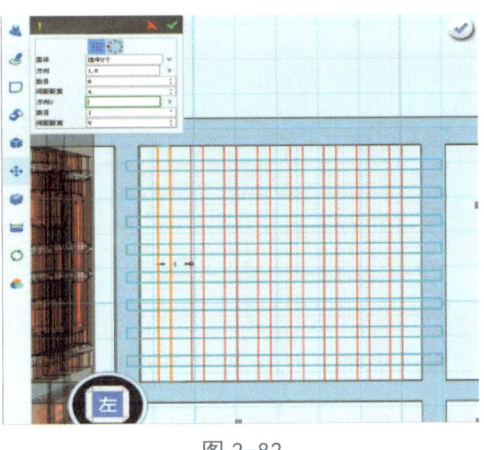

图 2-82

（40）单击"修剪"命令，把多余的线剪掉。全部修剪完成后单击"√"按钮。注意修剪完成后要形成封闭平面（图2-83）。

图 2-83

第2章　融合蒙元文化与3D打印的创客课例

（41）单击修剪后的封闭图形。在弹出的命令列表中选择"拉伸"命令，设置拉伸厚度 –3mm。绘制完成后单击"√"按钮保存（图2-84）。

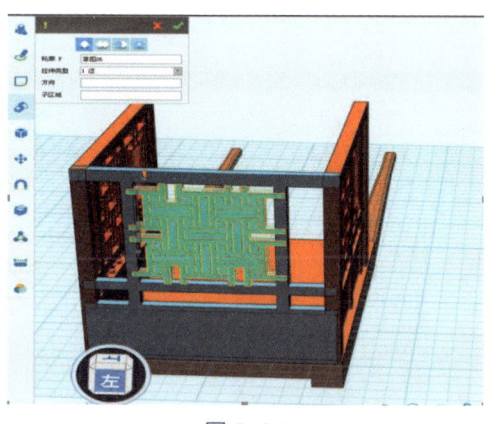

图 2-84

（42）单击"小魔方"选择左视图，在正面右侧使用"直线"命令画一个图2-85所示图形，线框间距1.5mm，注意线条的封闭。绘制完成后使用"镜像"命令将右侧图形镜像到左边。

图 2-85

（43）单击上一步绘制的图形，在弹出的命令列表中选择"拉伸"命令，设置拉伸厚度为 –3mm。拉伸完成后单击"√"按钮保存（图2-86）。

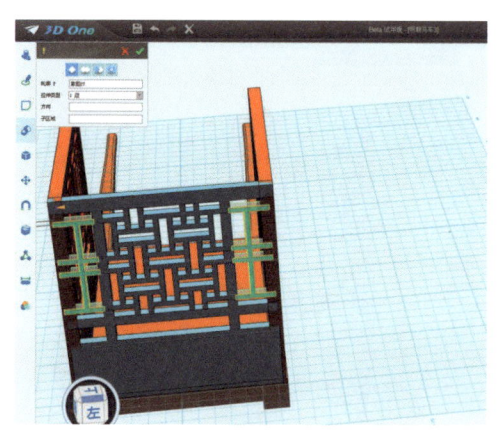

图 2-86

（44）单击"小魔方"选择左视图，在正面中间的柱子上绘制的草图（图2-87）。绘制完成后使用"旋转"命令将平面图进行旋转使之形成圆柱体，然后再使用"移动"命令将柱体向右移动6mm，向围栏内移动 –1.5mm。

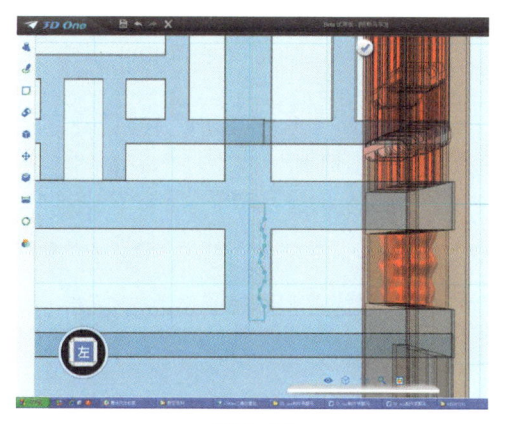

图 2-87

057

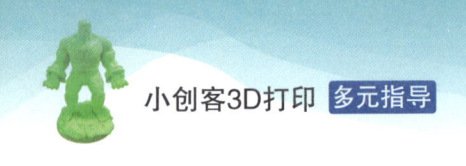

（45）单击上一步绘制的圆柱体，再选择"阵列"命令，设置阵列数量为10，将左右两侧重叠在方形柱子里面的两个圆柱体删除（图2-88）。

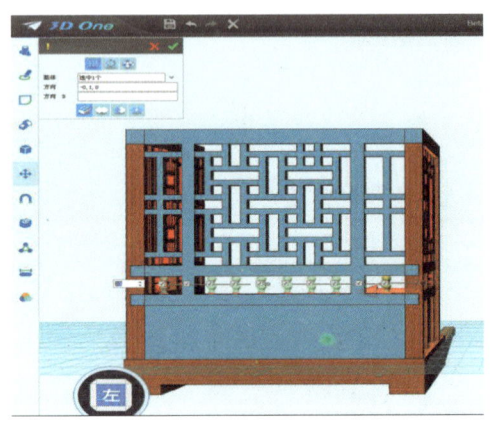

图2-88

（46）选择使用"倒角"命令，将所有内框倒角，设置倒角参数为0.5，然后进行渲染。最后，使用"组合编辑"命令将上边围栏各部分组合（图2-89）。

图2-89

（47）单击"小魔方"选择左视图，在桅杆所在平面上，使用草图绘制"圆形"命令和"草图绘制" > "直线"命令绘制一个半径为32.6mm的半圆（图2-90）。

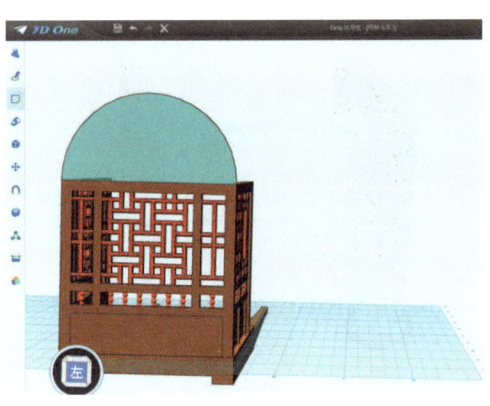

图2-90

（48）单击上一步绘制的半圆图形，在弹出的命令列表中选择"拉伸"命令，设置拉伸参数为79mm。绘制完成后单击"√"按钮保存（图2-91）。

图2-91

（49）选择隐藏车体下半部分，单击选择上一步绘制的半圆柱形，在弹出的

第2章 融合蒙元文化与3D打印的创客课例

命令列表中选择"抽壳"命令,设置选择半圆柱形的前面和下面为开放面,厚度为 –3mm(图 2-92)。

拉伸数值为 –3mm,绘制完成后单击"√"按钮保存。之后,单击选择半圆环使用"阵列"命令,设置阵列数值为 9 个,方向设置为向右,长度为 76mm(图 2-94)。

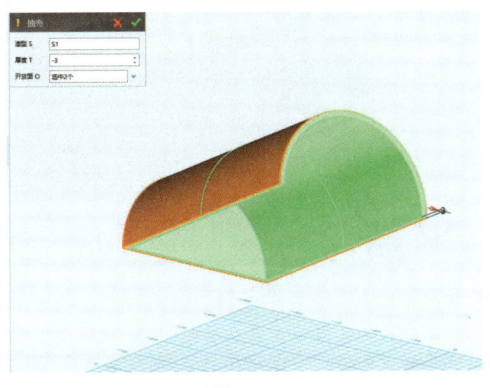

图 2-92

(50)单击"小魔方"选择左视图,选择使用"草图绘制" > "圆形"命令绘制一个重合于车棚外边半圆的圆弧,然后使用"偏移曲线"命令将其向外偏移 0.5mm。最后,使用"直线"命令将其封闭平面(图 2-93)。

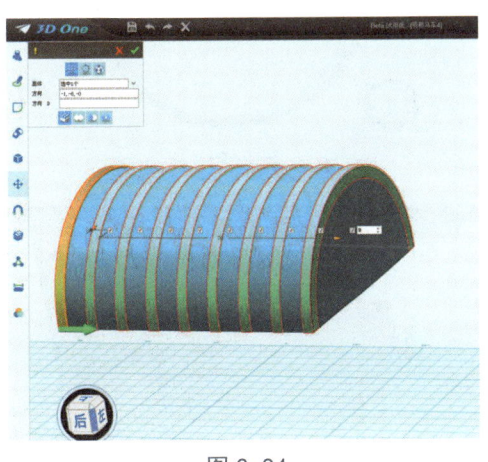

图 2-94

(52)显示马车车身,单击"小魔方"选择前视图,使用"草图绘制" > "圆形"命令,画一个外圆半径为 30mm、内圆半径为 28mm 的圆环。绘制完成后使用"拉伸"命令进行拉伸,设置拉伸高度为 4mm。拉伸后,再使用"圆角"命令对圆环外的两边进行圆角(图 2-95),设置圆角参数为 1mm。

(53)单击"小魔方"选择前视图,选择车侧杆面为平面,画一个外圆半径为 28mm、内圆半径为 20mm 和上一步同心的圆环,将其进行两面拉伸(图 2-96)。拉伸高度为外面 4.25mm、里面 –0.25mm。

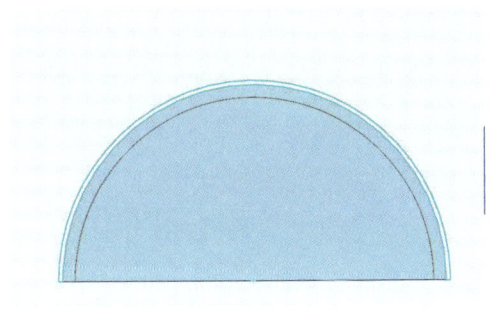

图 2-93

(51)单击上一步绘制的图形,在弹出的命令列表中选择"拉伸"命令,设置

059

图 2-95

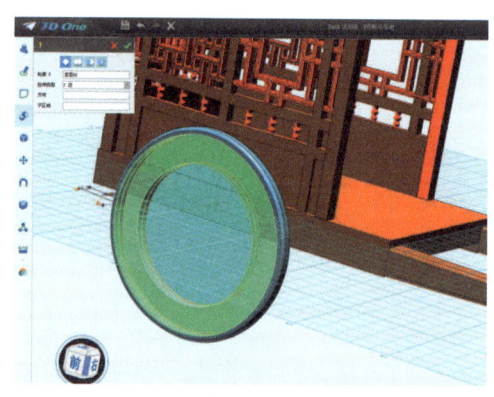

图 2-96

（54）单击"小魔方"选择前视图，再选择桅杆平面为基准面，使用"草图绘制">"圆形"命令，画一个外圆半径为8mm、内圆半径为3mm的和前面同圆心的圆环（图2-97）。然后，将其进行两面拉伸，拉伸高度为外面6mm、里面-1.5mm。

（55）隐藏马车车身，选择车轮外圆环面为基准平面，以圆心为中心点，使用"草图绘制">"直线"命令画一条半径方向的直线作为参考线。之后，使用"草图绘制">"矩形"命令画一个长方形，设置长方形长16mm、宽2.5mm。绘制完成后将半径方向参考线删除（图2-98）。

图 2-97

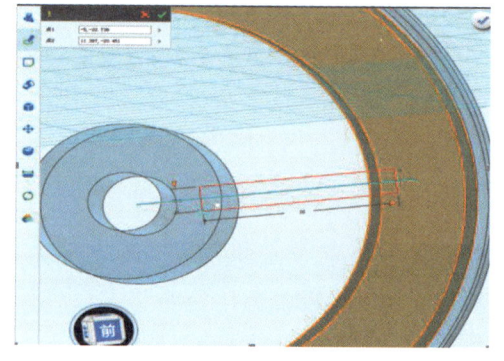

图 2-98

（56）单击上一步绘制的矩形，在弹出的命令列表中选择"拉伸"命令，设置拉伸高度为-4.25mm。然后，使用"圆角"命令对长方体进行圆角处理（图2-99），设置圆角参数为1.2mm。

（57）单击上一步绘制的几何体，在弹出的命令列表中选择"阵列"命令，模式选择"环形阵列"，再选择车轮中心点为阵列方向，阵列个数设置为18，最后把车轮各部件全部组合起来（图2-100）。

第2章　融合蒙元文化与3D打印的创客课例

3个圆柱进行圆角处理，设置圆角参数为0.6mm（图2-102）。

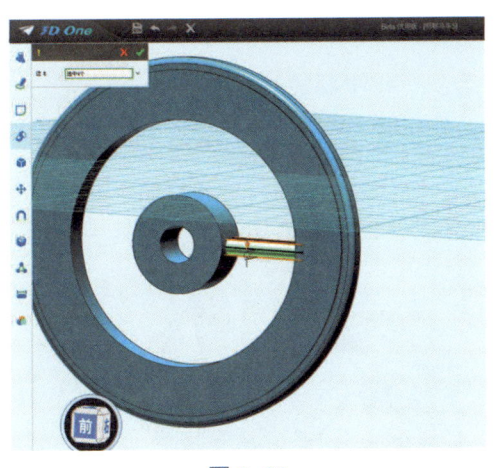

图2-99

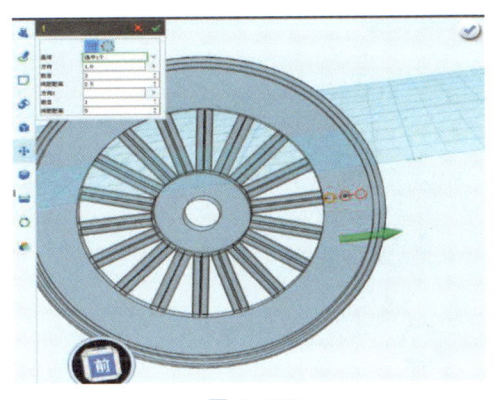

图2-101

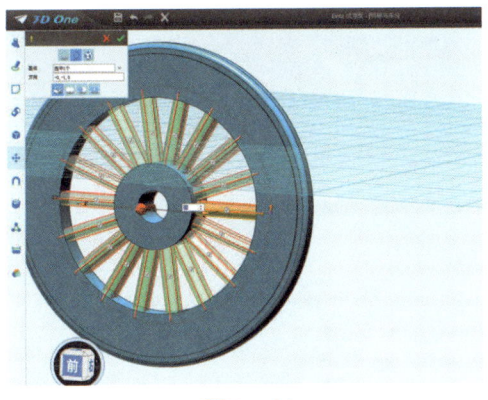

图2-100

图2-102

（58）单击"小魔方"选择前视图，选择车轮外圆环面为基准面，使用"圆形"命令绘制一个半径为0.9mm的圆，然后将圆进行线性阵列（图2-101），方向为（1，0，）数目为3，间距为2.5mm。

（59）单击上一步绘制的圆形平面，在弹出的命令列表中选择"拉伸"命令，方向选择向外拉伸，设置参数为0.5mm，里面为-5mm，然后使用"圆角"命令对

（60）选择使用"阵列"命令，模式选择环形阵列，设置朝向车轮的中心点为方向，对上一步绘制3个圆柱进行圆形阵列，阵列数为54，最后选择加运算组合编辑（图2-103）。

（61）选择车轮中间圆环面为基准面，绘制平面（图2-104）。绘制完成后单击草图，使用"拉伸"命令进行拉伸，模式选择双面拉伸，设置外面的拉

061

伸值为0.1mm，内侧面为-7.6mm（图2-104）。

图2-103

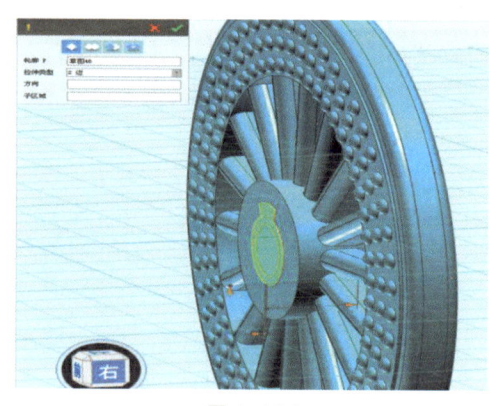

图2-104

（62）单击上一步绘制的几何体，在弹出的命令列表中选择"阵列"命令，模式选择"环形阵列"，阵列数量设置为4个，然后使用"组合编辑"命令将车轮组合起来（图2-105）。

（63）以车轮中间圆环面为基准面，用"草图绘制"＞"参考几何体"命令将内圆画出，再用"草图编辑"＞"偏移曲线"命令绘制外侧圆，偏移参数设置为0.5mm。然后，选择双面"拉伸"命令，拉伸参数设置外面为0.1mm，内侧面为-0.4mm（图2-106）。

图2-105

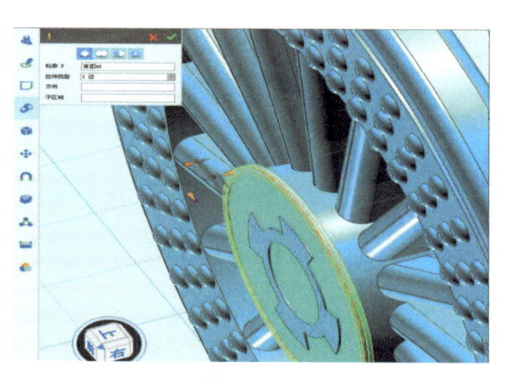

图2-106

（64）单击上一步拉伸好的几何体，选择使用"阵列"命令，模式选择"线性阵列"，方向设置为（0，1，0，），个数设置为8，将3到6个的勾去掉，保留1、2、7、8这4个，然后将车轮上各部件全部组合（图2-107）。

图 2-107

（65）显示马车车身，单击"小魔方"选择左视图，再选择车轮，在弹出的命令列表中选择"移动"命令，模式选择"动态移动"。将车轮向右移动，移动参数设置为 2mm（图 2-108）。

图 2-108

（66）单击"小魔方"选择下视图，以车身底杆面为基准面，使用"矩形"命令在车杆底部绘制一个长和宽分别为 50mm 和 8mm 的长方形，然后使用"拉伸"命令将长方形进行拉伸，设置拉伸高度为 5mm（图 2-109）。

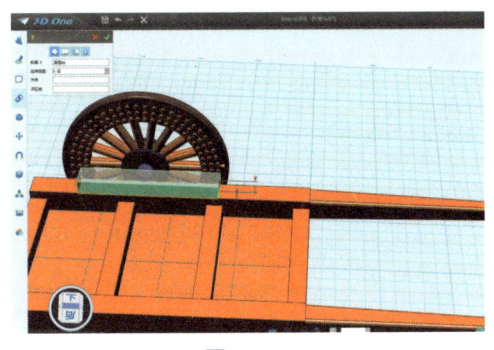

图 2-109

（67）隐藏马车车身，再次选择"矩形"命令在拉伸后的面上再绘制一个长 30mm、宽 8mm 的长方形，然后将长方形平面进行拉伸，设置拉伸高度为 5mm，最后将两个长方体使用"组合编辑"命令组合起来（图 2-110）。

图 2-110

（68）单击"小魔方"选择前视图，以车轮面为基准面，车轮中心点为圆心，使用"圆形"命令绘制一个半径为 2.5mm 的圆。绘制完成后选择"拉伸"命令，拉伸类型选择"双向拉伸"，设置拉伸高度外面为 5mm，内侧面为 –45mm（图 2-111）。

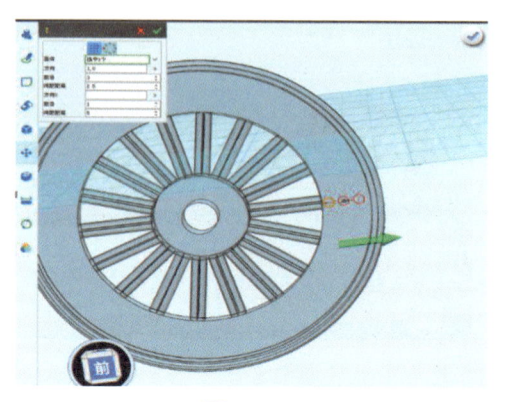

图 2-111

（69）单击"小魔方"选择前视图，以车轮柱圆面为基准面，使用"矩形"命令绘制一个长 12mm、宽 1.5mm 的长方形，再使用"拉伸"命令将此长方形进行拉伸，设置拉伸高度为 1.5mm。然后使用"移动"命令将长方体向外移动，设置移动数值为 1mm，接着对长方体做圆角处理，参数设置为 0.7mm（图 2-112）。

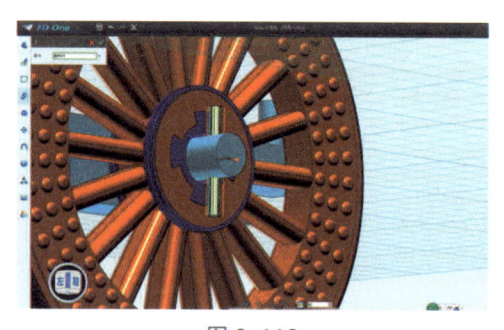

图 2-112

（70）单击软件下方的显示工具栏选择"显示" > "全部"命令显示全部模型，选择使用"镜像"命令将车右边整体合并在一起进行镜像（图 2-113）。镜像完成后删除参考平面。到此，勒勒车的建模过程基本完成。

图 2-113

5. 课后拓展

同学们，你们还知道哪些和勒勒车有关的故事？快快上网寻找吧。

第 3 章
电 子 学

3.1 电子学概述

电子学是一门以应用为主要目的的学科，主要研究电子的特性和行为以及电子器件的物理特性。电子学涉及很多的科学门类，包括物理学、化学、数学、材料科学等。电子技术是应用电子学的原理设计和制造电路、电子器件来解决实际问题的科学。

3.2 电子学的发展

电子学发展史上具有历史意义的两个事件是爱迪生效应的发现和关于电磁波存在的验证试验。从某种意义上说，现代科技发展都建立在电子学的发展基础上。从1897年英国的弗莱明发明二极管到1906年德福雷斯特发明三极管，世界一次又一次的改变都建立在电子学发展的基础上。当前，创客教育的发展也与电子学的发展息息相关。

3.3 电子学基础知识与器件

1. 电流和电压

小灯之所以亮起来，电动机之所以可以转动，都是因为有电流通过。电流可以理解为带电粒子的移动，抽象来看和水流流动一样，但又有区别。电流的方向被规定为从电源的正极流出，经过用电器，流向电源负极。电流的大小用强度表示。单位是库伦每秒（C/s），也称之为安培（A），即：

$$1A=1C/s$$

因为安培是个比较大的单位，所以常用的单位是毫安（mA）和微安（μA）

它们之间的关系如下：

$$1A=1000\ mA=1000000\ \mu A$$

水流会从高处流向低处，需要水位差。电流的流动也需要有电位差。这种电位差叫电势差。电势差也叫电压。电压用符号"U"表示，单位是伏特（V），常用的单位还有千伏（kV）、毫伏（mV）。我们常见的5号电池是1.5V，当然也有12V的电池，电池上一般有标注（图3-1），后面的教学案例中会用到。

第3章　电子学

(a)

(b)

(c)

图 3-1

2. 电阻

从字面上来看，电阻就是阻碍电流的器件。阻碍电流流动的目的是为了人为地控制电流的大小。那电阻都适合使用在哪些场合呢？比如说有一个 LED 小灯，打开后我们发现它太亮了，想把灯光调暗一些，实际上就是将电流变小一些。我们知道，可以通过改变电压来改变电流的大小，但是现实生活中一般使用的电池或电源的电压是额定的，不是可以随便改动的，所以可以在小灯的一端加入一个电阻来减小电流，从而改变

LED 小灯的亮度。电阻的种类很多，按照结构和性能不同可分为定值电阻、可变电阻和敏感电阻。如光敏电阻，电阻阻值的大小会随着光照的变化而变化。电阻的单位是欧姆（Ω）。常见的色环电阻如图 3-2 所示。

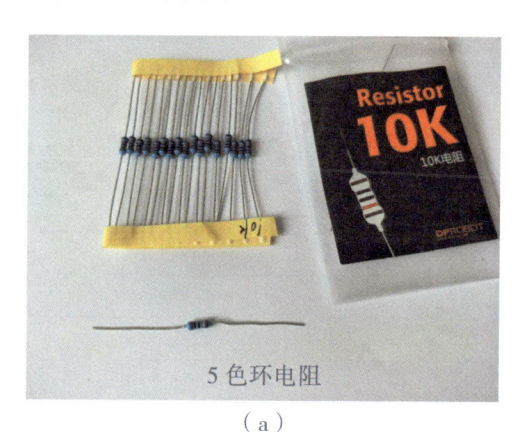

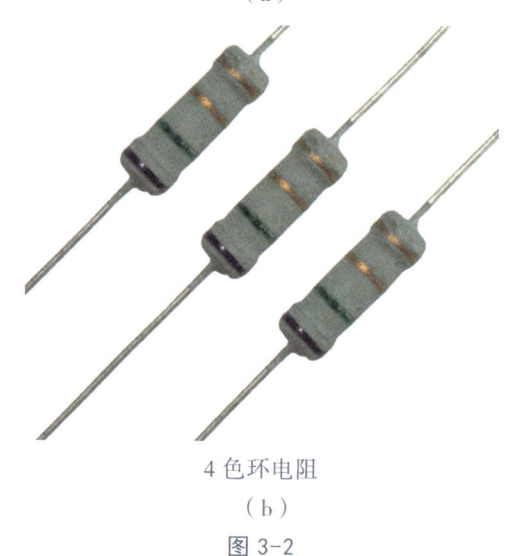

5 色环电阻
(a)

4 色环电阻
(b)

图 3-2

色环电阻用电阻上若干道色环来表示电阻值，可以从任意角度一次性地读取代表电阻值的颜色信息。色环电阻是各种电子设备应用最多的电阻，无论怎

067

样安装，维护者都能方便地读出其阻值，便于检测和更换。5色环电阻值的读取见表3-1。

表3-1 5环电阻读数方法

色别	第一环	第二环	第三环	第四环（倍率）	第五环（±%）
棕	1	1	1	10	1
红	2	2	2	100	2
橙	3	3	3	1000	
黄	4	4	4	10000	
绿	5	5	5	100000	0.5
蓝	6	6	6	1000000	
紫	7	7	7	10000000	
灰	8	8	8	100000000	
白	9	9	9	1000000000	
黑	0	0	0	1	
金	—	—	—	0.1	5
银	—	—	—	0.01	10

例如：色环棕红黄红棕表示阻值124×100±1%=12.4（kΩ）±1%。

光敏电阻是一种对光敏感的电阻（图3-3）。光敏电阻的主要特点是电阻值会随着光线的强度而变化。光强越大，电阻阻值越小；光强越小，光敏电阻阻值越大。

3. LED、数码管和芯片

LED，中文名字叫"发光二极管"，大家习惯上叫LED（图3-4）。LED通电后能够分别发出白、蓝、绿、红、黄等各色光。其中，发出红、绿、黄3种颜色的LED从外壳上的颜色就能判断，但发蓝光、白光的LED的外壳是透明的，只有通电才能判断其发光颜色。

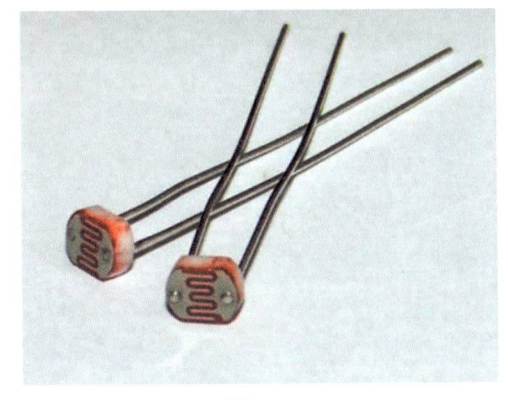

图3-3

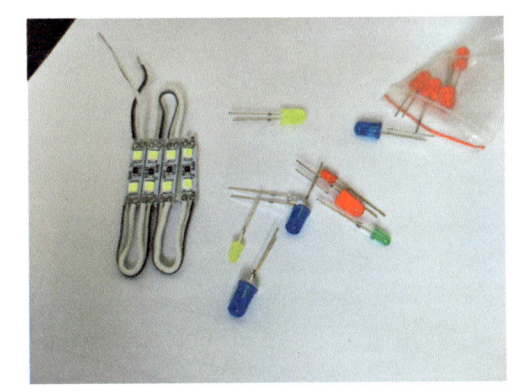

图3-4

数码管、点阵是LED的两种应用，即按照需要将LED以不同的形式进行排列，实现不同的显示作用。例如数码管，内部是按照规则排列的7段条形LED（图3-5），可以使用电池点亮。当把电池连接在其中两个相邻的引脚上时，就会有一段LED被点亮。通过CD4062芯片控制数码管上的多个LED段的组合，就能显示0~9数字。

第3章　电　子　学

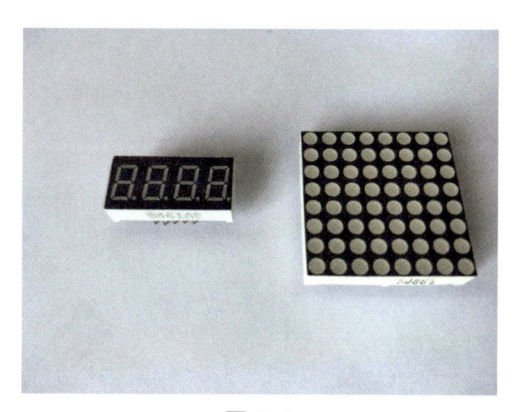

图 3-5

芯片也叫"集成电路块",是重要的电子器件。芯片内部为一套复杂的电路,是一个高度集成的模块化元器件(图3-6)。当前的芯片技术已经发展到了纳米级,例如很多手机和电脑的CPU。芯片的制造技术要求极高,我国目前的很多计算机和手机芯片还依靠进口,希望"中国芯"能够尽快发展起来。创客教育中涉及的芯片比较简单,每种芯片能实现各种不同的功能,比如让LED闪烁等。芯片与外部电路组合可以制作报警器、密码锁、计数器等很多有趣的DIY作品。

4. 开关

电源开关通过内部结构的连接和断开从而控制电路的导通和断开。常用的开关有按压式开关和微动开关。微动开关(图3-7左)按下后两个引脚导通;松开后,引脚断开。如果把微动开关串联在LED上,按下按钮亮起,松开按钮则熄灭。按压式开关按一次后卡扣会卡住连接片让开关保持导通,再次按下连接片回弹,开关断开(图3-7右)。

图 3-7

5. 三极管

三极管在电子电路中的应用非常广泛。三极管(图3-8)在电路中起放大和开关作用,比如可以把话筒的声音放大,经喇叭放出;还能当开关来用,用其中一端控制另外2端的导通。常见型号有1820、8050、9013等。

图 3-6

069

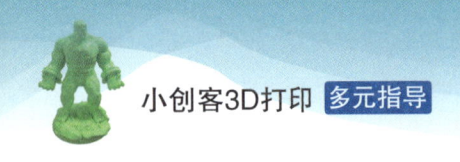

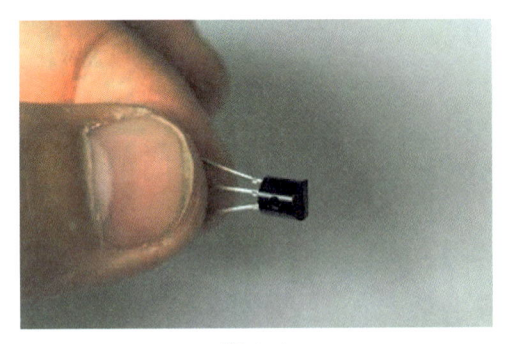

图 3-8

6. 蜂鸣器

蜂鸣器（图 3-9）有长短 2 个引脚，是一种发声器件，能发出"滴滴"的声音。家里的电子闹钟多数是用这种蜂鸣器来发声的。使用一个纽扣电池用正极和蜂鸣器长脚连接，负极和短脚连接，这时就会听到蜂鸣器发出的声音了。如果声音不够大，可拆掉蜂鸣器正面的纸膜。

7. 电容

电容（图 3-10）就是一种容纳电荷的元件，根据容量大小可分为不同型号。黑色的圆柱形的电容是电解电容，黄色小片状的电容是独石电容。各种电容不仅颜色不同，内部结构也不一样。电容容量的国际单位是法拉（F）。

图 3-10

图 3-9

第 4 章

融合电子学和3D打印案例

4.1 神奇的反转
——创意福字灯

春节贴"福"字，寄托了人们对幸福生活的向往，也是对美好未来的祝愿。在某些场合为了更充分地体现这种向往和祝愿，民间也有将"福"字倒过来贴，表示"幸福已到""福气已到"。每逢新春佳节，人们在屋门上、墙壁上、门楣上贴上大大小小的"福"字。春节贴"福"字，是民间由来已久的风俗。本章利用倾角开关设计制作一个创意福字小夜灯（图4-1）。

图 4-1

1. 课程设计目标

（1）通过中望3D One设计制作福字小灯外壳，锻炼学生的三维数字建模能力，培养学生的空间立体思维。

（2）通过制作使用倾角开关让学生掌握倾角开关的工作原理，了解电子学相关器件知识。

（3）通过项目式学习，让学生在实践中学会发现问题、解决问题。引导学生利用类似原理创意设计其他作品。

（4）通过融合课程的学习，让学生了解"福"字文化，培养学生热爱传统文化。

2. 福字灯外壳的制作

创意福字灯由3部分组成，即3D打印外壳、倾角开关和连接电路。

福字灯外壳的制作通过3D打印完成，而其主要的3D建模过程包括抽壳、预制文字和切割实体。3D建模步骤如下。

（1）在基本面上，使用"草图绘制" > "矩形"命令，以（0，0，0）为中心点，以（-50，-25，0）为起点，绘制一个边长为70mm的矩形（图4-2）。完成后单击左侧对话框中绿色"√"按钮保存线框绘制。

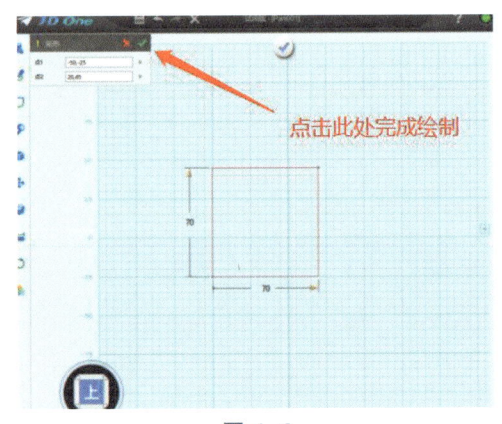

图 4-2

第4章　融合电子学和3D打印案例

（2）单击线框上方"√"按钮，线框变为可编辑平面状态（浅绿色矩形）（图4-3）。

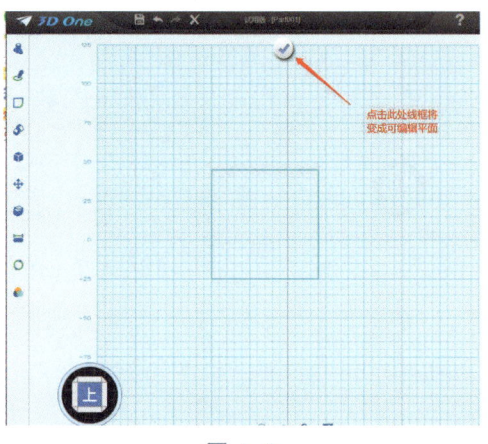

图4-3

（3）在浅绿色矩形平面上，单击鼠标左键（选定平面），再在弹出的命令列表中，选择"拉伸"命令，对矩形进行拉伸（图4-4）。

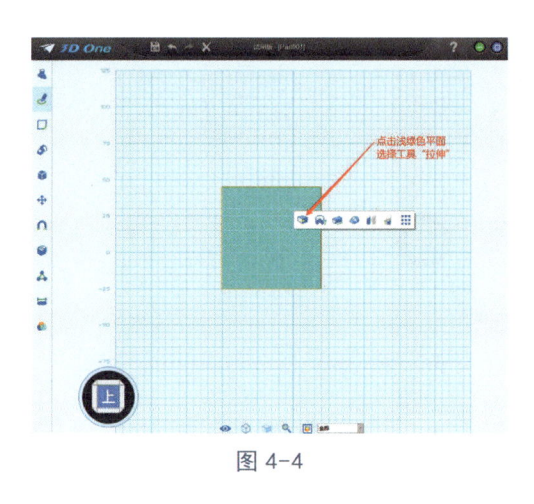

图4-4

（4）在弹出的对话框中将默认拉伸参数10mm修改为70mm。修改完成后按

【ENTER】保存数据，得到一个边长为70mm的正六面体（图4-5）。

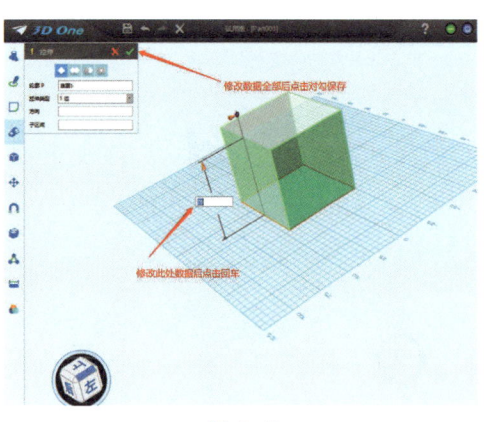

图4-5

（5）移动鼠标到六面体的棱边上，单击鼠标左键选择这条边，在弹出的命令列表中选择"圆角"命令（图4-6）。

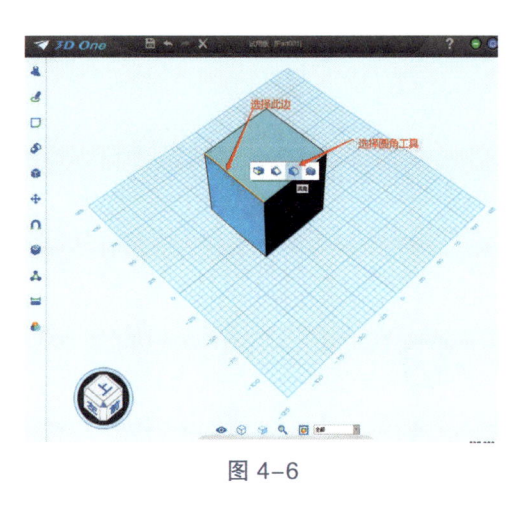

图4-6

（6）在弹出的圆角命令框"边E"单击鼠标增加需要圆角的其他边，依次选择每条边。全部选择完成后，修改为需要的圆角参数，这里选择默认圆角参

073

数5mm。选择完成后单击绿色"√"按钮保存（图4-7）。

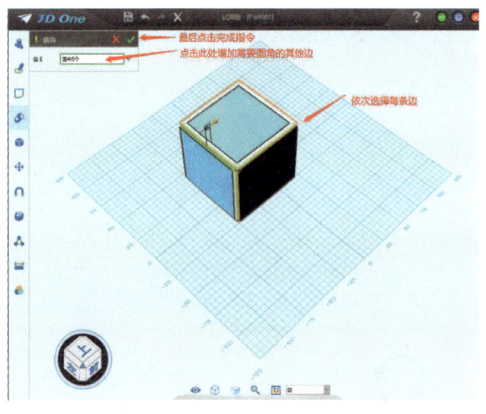

图 4-7

（7）圆角完成后，单击鼠标左键选定修改过的六面体，在弹出的功能命令中选择"抽壳"命令（图4-8）。

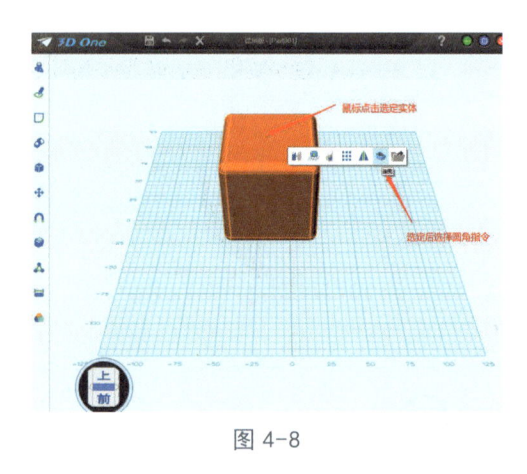

图 4-8

（8）修改左上角的抽壳参数为"-2.5mm"，开放面不选择。修改抽壳厚度后单击绿色"√"按钮完成抽壳操作（图4-9）。

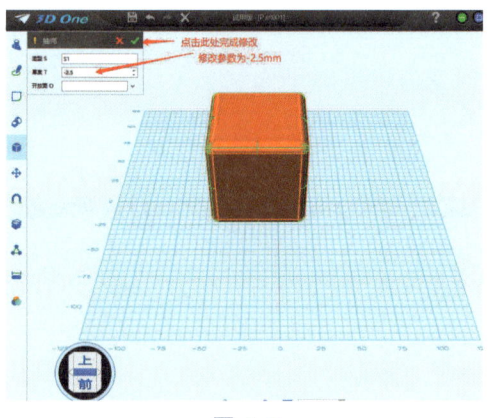

图 4-9

（9）单击"小魔方"选择前视图，再选择左侧工具栏"草图绘制" > "预制文字"命令。选择"预制文字"命令后，单击六面体的正面选择为预制文字的平面（图4-10）。

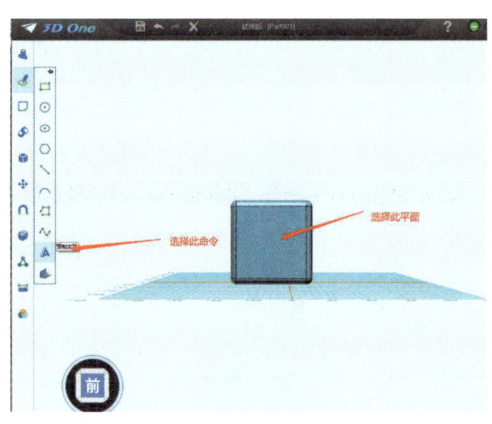

图 4-10

（10）在左侧弹出的"预制文字"命令框中，单击鼠标左键选择初始预制文字的目标位置，原点的坐标将变为选定位置（图4-11）。

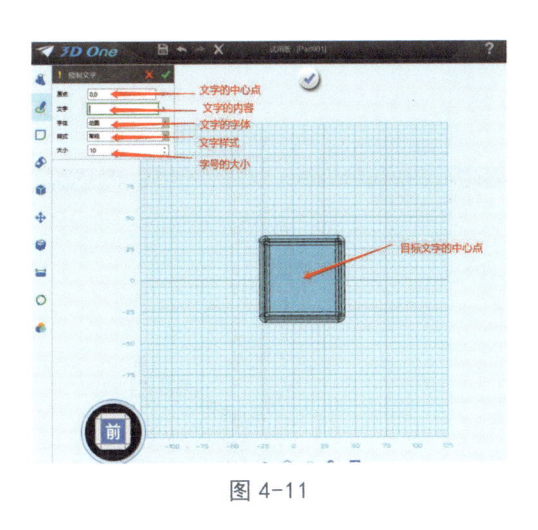

第4章 融合电子学和3D打印案例

图 4-11

（11）修改"预制文字"命令框中的参数命令（图4-12）。确定文字内容、字体、样式、大小，修改后，如果中心点不在盒子中心则删除原点坐标，重新移动选择文字位置到中心点后单击左侧对话框中"√"按钮和中间"√"按钮完成文字平面预置。

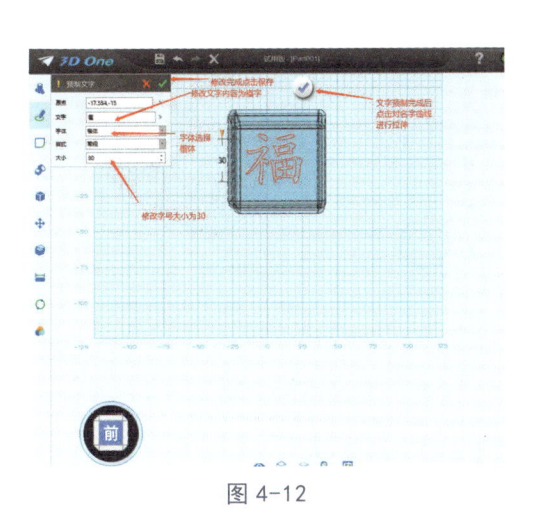

图 4-12

（12）单击选择预制好的文字"福"字，再选择"拉伸"命令对"福"字进

行拉伸操作，厚度参数设置为–2mm，选择运算形式为减运算。选择完成后单击"√"按钮完成操作（图4-13）。

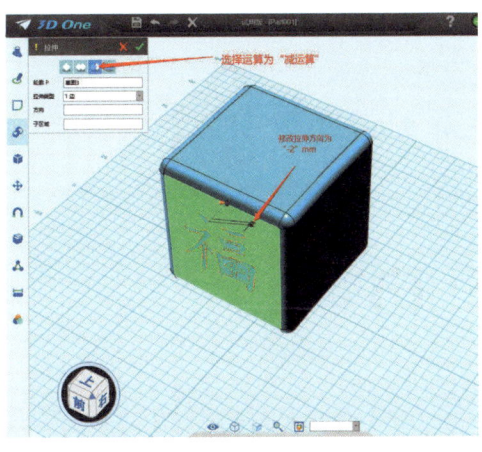

图 4-13

（13）使用同样的方法对其他5个面"雕刻"福字，使得每个面都有"福"字（图4-14）。

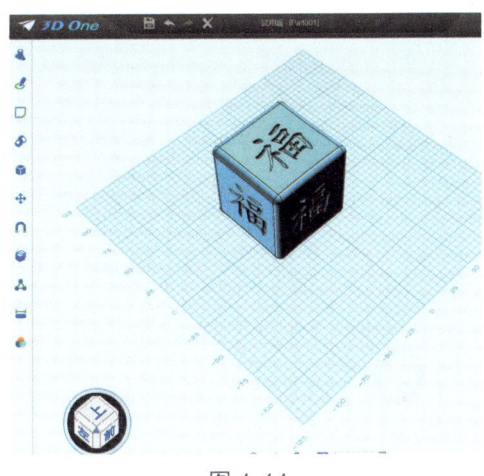

图 4-14

（14）选择前视图，再选择"草图绘制">"直线"命令。选择后，单击福

075

字盒的正面为绘制平面（图4-15）。

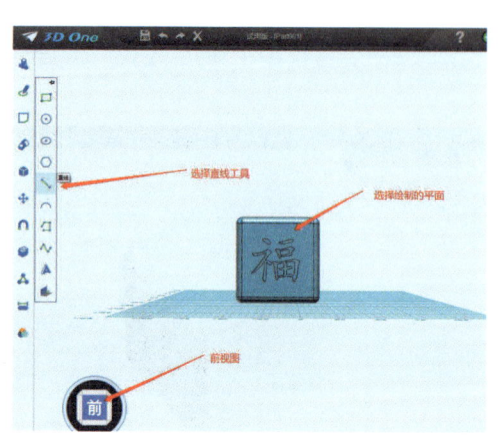

图4-15

（15）在盒子的正面使用"直线"命令，沿着盒子的上边，绘制一条横穿盒子的直线。绘制完成后，单击左侧对话框中的"√"按钮和中间的"√"按钮并保存（图4-16）。

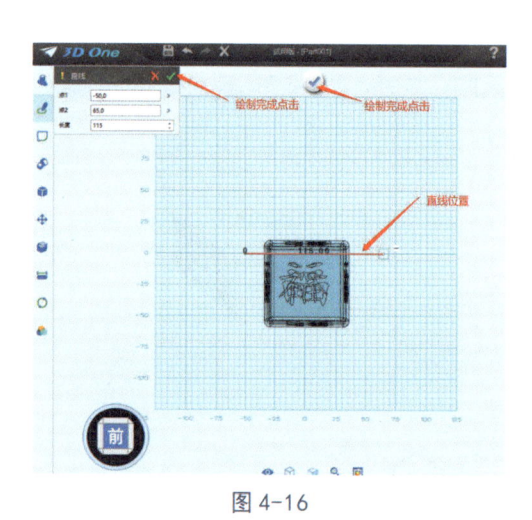

图4-16

（16）单击选择画好的直线，在弹出的命令列表中选择"拉伸"命令，拖动黄色圆锥体使得由直线拉伸的平面贯穿盒子实体。完成后单击"√"按钮保存（图4-17）。

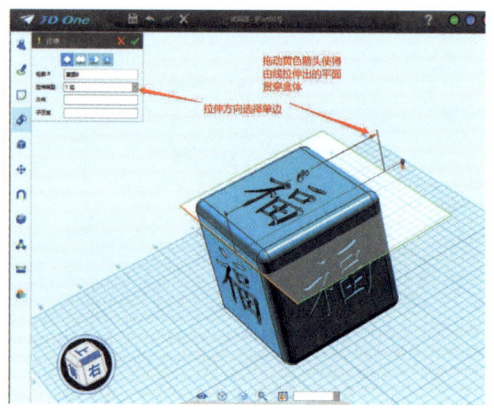

图4-17

（17）使用"特殊功能">"实体分割"命令对盒子进行切割（图4-18）。

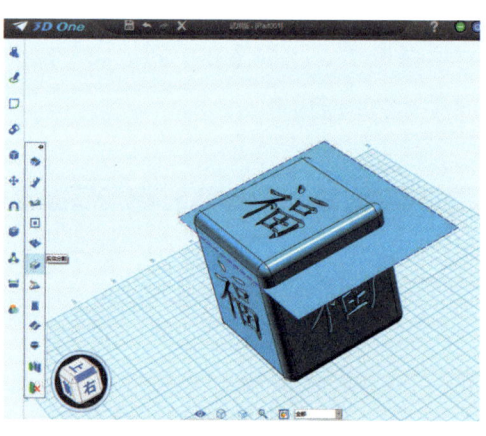

图4-18

（18）在弹出的"实体分割"功能对话框中，选择基体为盒子本身，再选择分割面为步骤（16）做好的平面。完成后，单击"√"按钮完成实体分割（图4-19）。

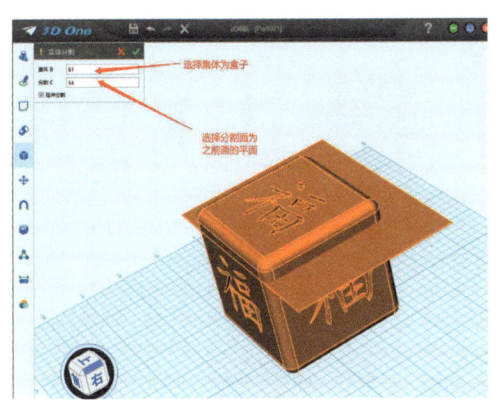

第4章　融合电子学和3D打印案例

图 4-19

（19）选择步骤（16）绘制的用来切割的平面，单击"删除"命令删除切割平面（图4-20）。

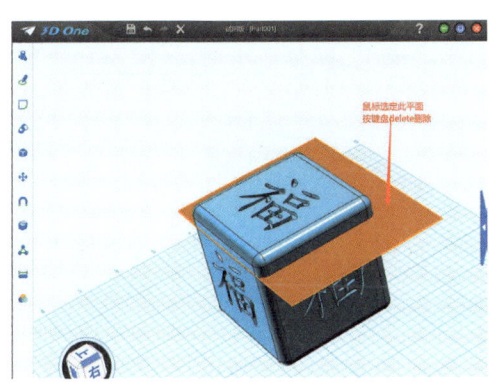

图 4-20

（20）选择盒子上半部分，再选择"移动"命令、"动态移动模式"命令，拖动横向箭头，分离盒子上下部分，得到盒子最终模型（图4-21）。

（21）导出模型STL格式文件准备打印（图4-22）。

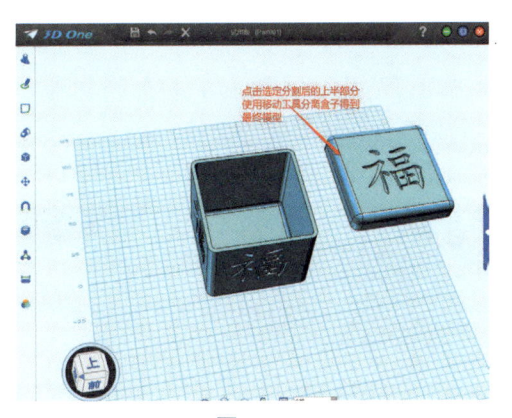

图 4-21

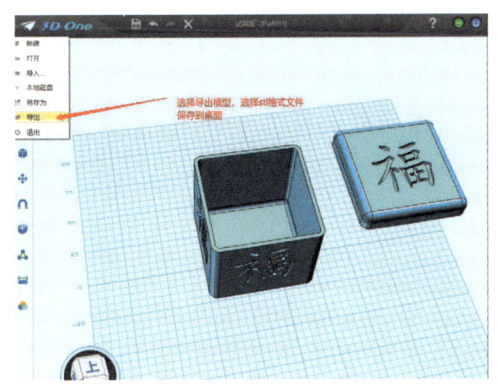

图 4-22

（22）使用JGcreat 2.5打开步骤（21）导出的STL模型，修改设定参数。然后，保存到打印机存储卡进行打印（图4-23）。

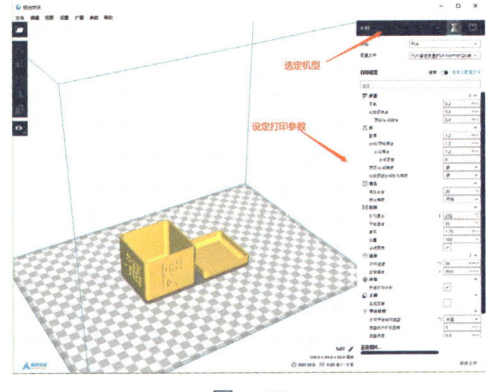

图 4-23

077

（23）打印完成后取出打印实物（图4-24）。至此，福字灯3D打印结构部分完成。

图 4-24

3. 电路连接

（1）需要用到的材料：打印好的3D福字灯模型、12 VLED单节电池盒、12V电池、高亮LED工程模组（12V）、倾角开关、导线若干（图4-25a）。

（2）准备好材料之后就可以开始连接电路了，电路结构比较简单（图4-25b），大家完全可以自主完成。电路连接完成后，大家重点要了解倾角开关的作用和滚珠触发原理，学会使用LED模组。

4. 课堂小探究

如果想升级福字灯的功能，实现白天倾斜翻转关闭小灯，晚上翻转打开小灯，该怎么连接电路？请大家思考。

连接好电路后就可以将电子器件安装到福字灯里边了。这里要注意的是：一定要让倾角开关在"福"字正立时处

（a）

（b）

图 4-25

于关闭状态，即倾角开关的金色连接柱部分向下倾斜（图4-26）。

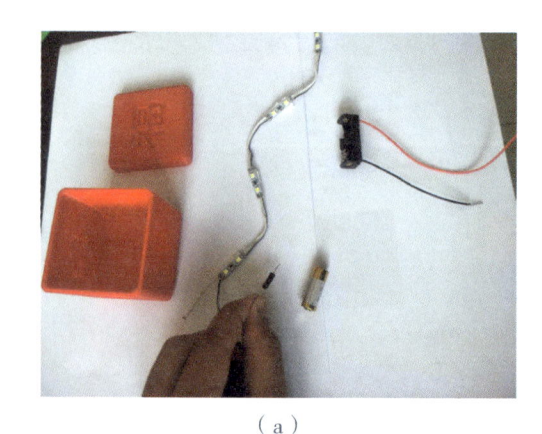

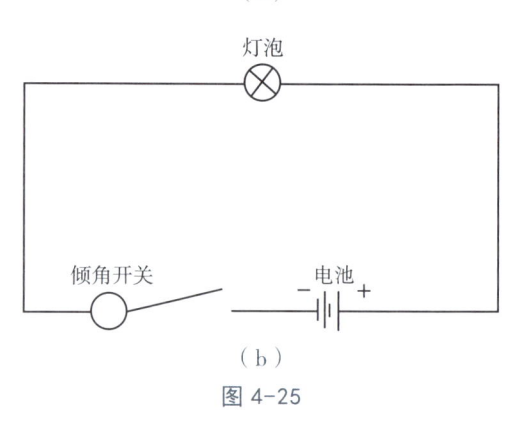

图 4-26

所有位置固定好之后就可以用胶枪或者502胶水将盒盖和盒子粘接到一起了（图4-27）。

第4章 融合电子学和3D打印案例

图 4-27

5. 课后探究任务

中华文化博大精深。探究利用三维建模软件设计其他结构形状的小夜灯，或者利用其他传感器等电子器材实现其他功能。

4.2 青春的记忆——3D 打印照片灯箱

照片是我们保存美好生活记忆的"时光机"。当你拥有一台 3D 打印机时，是否想过打印一幅记忆深刻的 3D 照片呢？本节就利用 3D 打印机设计制作一个 3D 照片灯箱，让青春的时光精彩起来（图 4-28）。

（a）

（b）

图 4-28

1. 课程目标

（1）通过学习图片的去色、修剪，掌握一些简单 Photoshop 软件修图的技巧。通过学习，掌握 2D 图片转 3D 图片参数设置的技巧。

（2）通过设计 3D 照片的灯箱，锻炼小创客灯箱 LED 电路走线布局的设计能力。

（3）测量开关圆柱体直径，设置照片灯箱的开关口位置和大小，保证打印出来的照片灯箱能够顺利地安装开关，实现设计功能。

079

（4）让小创客在整个项目的过程中，感受问题、发现问题、解决问题，培养敢于挑战，百折不挠的开拓、创新精神。

2. 制作过程

照片灯箱的制作过程一共分为6部分，分别为选择照片、用Photoshop软件处理照片、2D照片转为3D照片、设计和打印照片灯箱、安装灯箱LED和电路电池等装配。

（1）首先是要挑选一张合适的照片。3D打印的照片不同于普通的数码照片，要求选择照片时尽量选择背景简单且对比强烈的照片。

（2）选择照片后，接下来要做的就是处理照片了。简单地说，就是用Photoshop软件把照片处理成黑白照片（图4-29）。这与抠图、修图操作相比，操作要简单。首先用Photoshop软件打开需要处理的照片。

图4-29

在Photoshop软件中，单击选择"图像" > "调整" > "黑白"命令处理图像。

（3）如果黑白照片去色效果不符合要求还可以再通过"图像" > "调整" > "亮度" > "对比度"命令调整（图4-30），调整完成后保存照片。

图4-30

（4）2D照片转3D模型的操作简单，只要将步骤（3）保存的黑白照片拖入JGcreat切片软件快捷方式图标上，软件会自动打开进入2D照片转3D模型参数设置对话框（图4-31）。

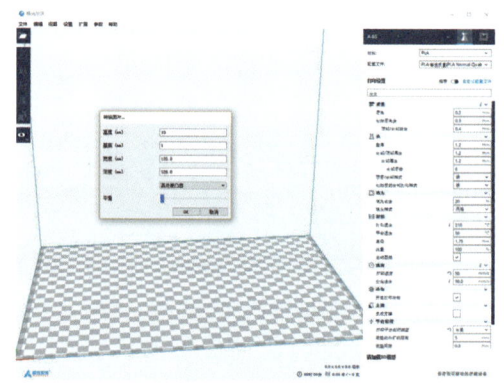

图4-31

（5）在对话框（图4-31）中修改参数，首先是高度，推荐高度在3mm左右。数值太大，照片的光线透射效果不好。基底高度推荐设置为1.2mm左右。

080

第4章　融合电子学和3D打印案例

数值太小，成品结构不坚固，容易折断。宽度和长度是成比例的，这里均选择120mm。最后，选择亮处凸起还是暗处凸起。这里选择暗处凸起，平滑度选择最低（图4-32）。

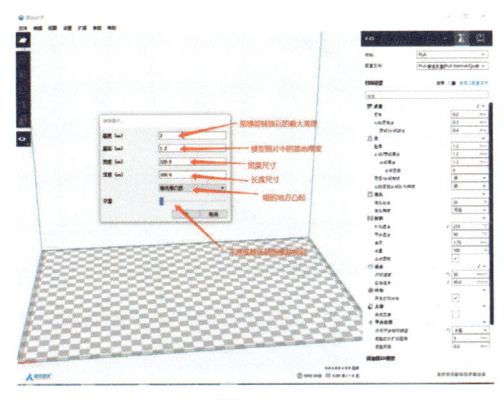

图4-32

图4-34

（6）设置打印参数（图4-33）。这里修改层高为0.1mm，以使图像成型更加精细。

设计照片框首先要确定照片3D模型的尺寸。此处设置的尺寸就是照片打印时候成型的尺寸，即120mm×120mm（本课例图片尺寸）。之后，确定按钮开关的尺寸。因为希望把开关隐藏在盒子内部，所以需要测量开关圆柱体和下面的结构部分尺寸。

测得按钮开关长方形底盘尺寸为18mm×12mm×1.5mm，圆台的尺寸为ϕ3mm×10mm，圆垫片的尺寸为ϕ10mm×1mm（图4-35）。

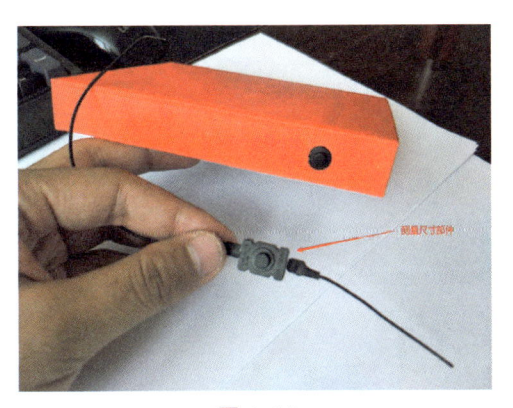

图4-33

（7）将模型保存并打印。取模型时，用铲刀轻扶取出（基底太薄容易折断）。

（8）接下来，利用中望3D One设计制作照片框模型（图4-34）。

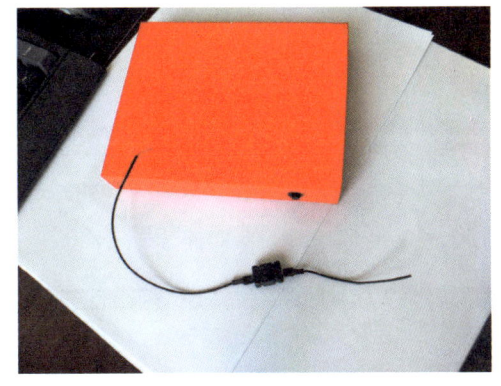

图4-35

（9）使用中望 3D One 三维建模设计灯箱盒子模型。首先打开中望 3D One，选择"基本实体"＞"六面体"命令以（0，0，0）为中心点绘制一个长 120mm，宽 120mm，高 20mm 的六面体（图 4-36）。

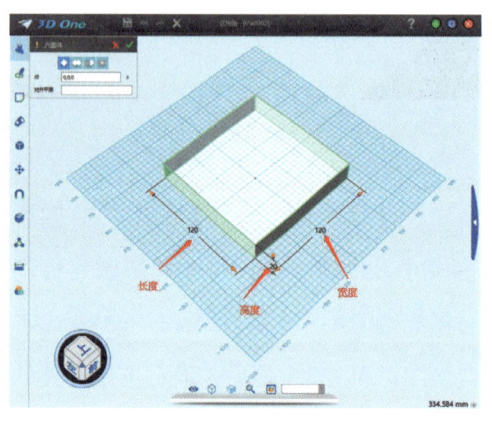

图 4-36

（10）修改确定参数后单击"√"按钮完成实体绘制。然后单击鼠标左键选定实体，在弹出的命令列表中选择"抽壳"命令，厚度参数设置为 –2.5mm，开口选择上方。完成后单击"√"按钮保存（图 4-37）。

图 4-37

（11）在盒子内壁侧面绘制一个长 18mm、宽 12mm、高 10mm 的长方体。绘制完成后单击"√"按钮完成绘制（图 4-38）。

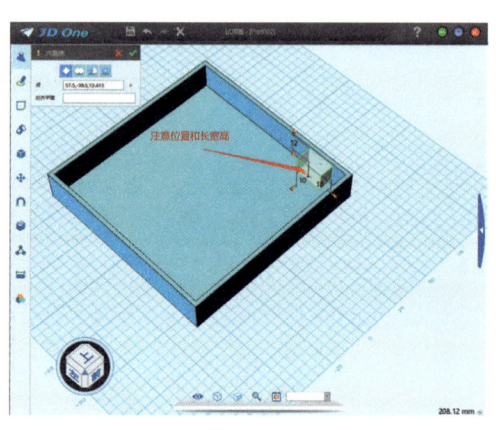

图 4-38

（12）单击选定的盒子实体，在弹出的命令栏中选择"移动"命令，再选择"动态移动"模式，拖动 X 方向移动沿轴向右移动 1.5mm。完成后单击"√"按钮保存（图 4-39）。

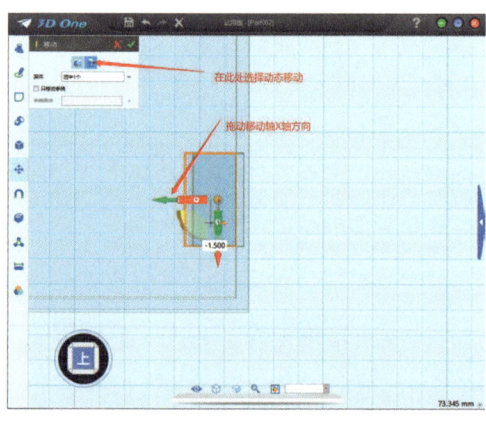

图 4-39

第4章　融合电子学和3D打印案例

（13）选择工具栏的"组合编辑"命令，再选择"减运算"，基体选择盒子本体，合并体选择步骤（11）绘制的小六面体，选择后单击"√"按钮完成组合编辑。这样，我们的开关"卡槽"的位置就"扣"好了（图4-40）。

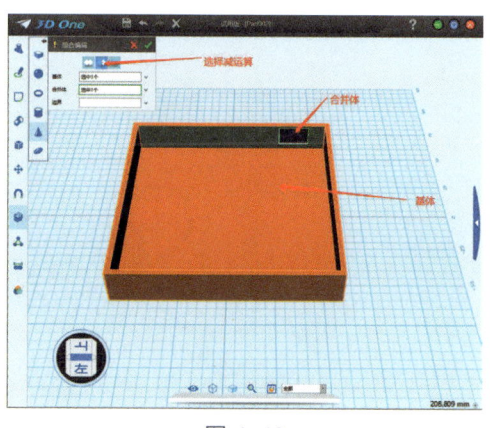

图 4-40

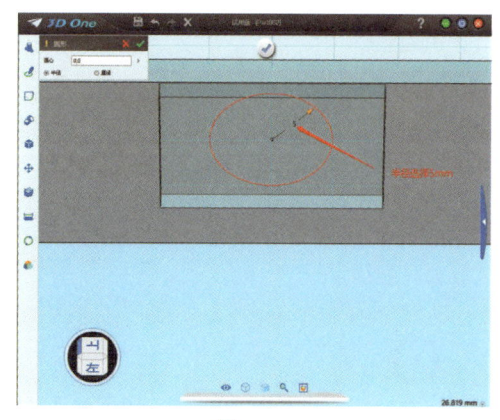

图 4-41

（14）在"卡槽"的中心位置绘制一个直径10mm的圆，目的是将开关的圆形垫子放进去。这里选择"草图绘制" > "圆形"命令，以长方形凹槽的中心为原点画一个直径10mm的圆（图4-41）。

（15）单击选择步骤（14）绘制的圆平面，在弹出的命令列表中选择"拉伸"命令，拉伸方向选择向外，拉伸厚度选择–0.5mm，运算选择"减运算"。完成后，单击"√"按钮保存（图4-42）。

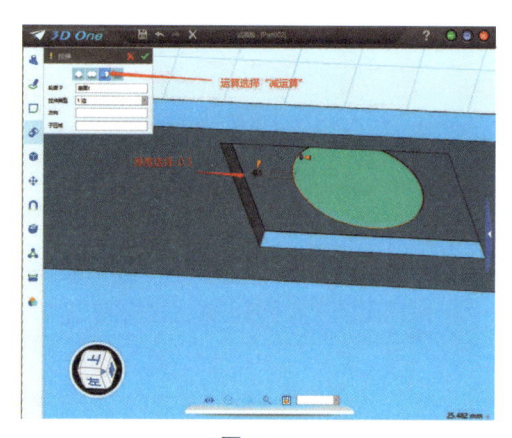

图 4-42

（16）在前步骤（15）得到的圆形平面上绘制一个半径3mm的圆平面，圆心与原圆平面的圆心相同。绘制完成后单击"√"按钮保存（图4-43）。

（17）单击步骤（16）得到的小圆平面，在弹出的命令列表中选择"拉伸"命令，方向向外，厚度–10mm（打穿即可）运算选择"减运算"。完成后单击"√"按钮保存（图4-44）。

083

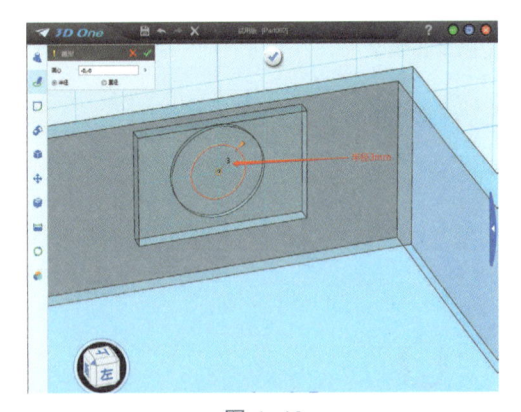

图 4-43

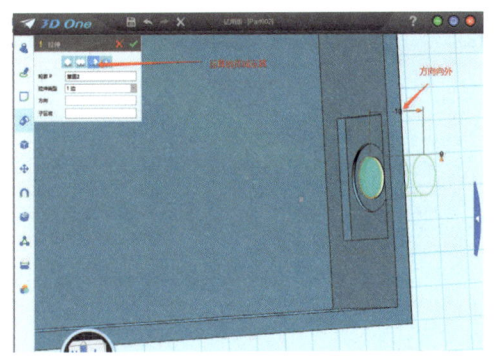

图 4-44

（18）至此，照片框模型的建模制作就全部结束了（4-45）。

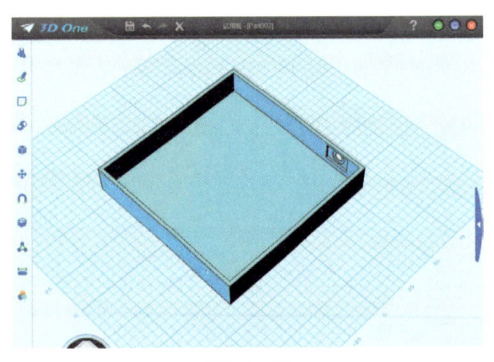

图 4-45

（19）模型制作完成后就可以切片打印了。打印完成后，开始安装灯箱中的背景 LED 灯。这里选择的是广告工程用的高亮 LED 模组，背面自带 3M 胶很方便。把灯均匀布置到灯箱中，用胶将开关和电池盒子固定（图 4-46）。追求灯光映射效果的小伙伴可以将反光膜贴到盒子内壁上，让 LED 的光均匀分布。

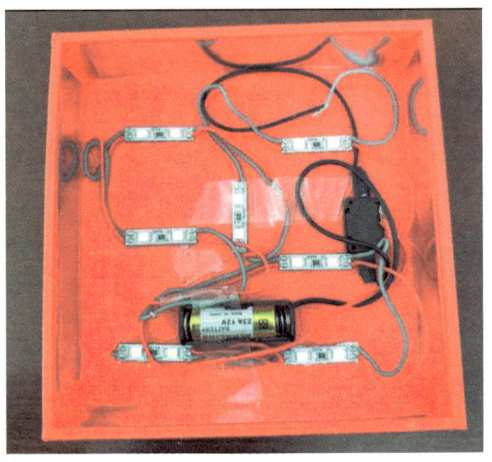

图 4-46

（20）LED 模组安装非常简单，只需要在一侧接通电源即可。LED 模组安装结束后就可以将照片模型安装到盒子开口处了。这里要说明的是，本课例没有设计照片和灯箱插槽。这是因为使用胶水粘接不方便更换电池。感兴趣的创客可将其优化成插槽形式方便更换电池。

3. 课后探究任务

选择一张自己喜欢的照片结合 3D 打印把它做成灯箱，送给朋友或家人分享自己的喜悦。

4.3 夜间发光的二维码
——3D 打印二维码灯箱

二维码在当前的移动互联网背景下，广泛应用于电子商务领域。支付宝、微信等第三方支付平台将二维码的应用发挥到了极致。二维码成了各种商业支付的便捷方式。在大街小巷的超市、饭店、酒店的前台都可见到二维码支付贴纸（图4-47）。

图 4-48

图 4-49

图 4-47

细心的创客会发现一些问题，在夜晚和昏暗的环境下，二维码的贴纸就不好识别了。可制作一个和照片灯箱类似的二维码灯箱来解决问题（图4-48和图4-49）。

1. 课程设计目标

（1）通过图片的去色、修剪，掌握简单的 Photoshop 软件修图技巧。通过3D打印机换料操作，掌握单喷头打印机制作变色3D打印模型的技巧。

（2）通过设计制作3D二维码的灯箱，掌握二维码灯箱三维建模设计、LED灯和光敏电阻等电路的连接。

（3）在现实生活中发现问题，引导小创客解决问题，让他们通过项目式学

085

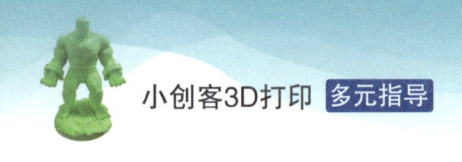

习，培养他们热爱生活、热爱思考、热爱动手的人生观。

2. 灯箱外形的制作过程

二维码灯箱的制作过程和照片灯箱的制作过程类似，分为几部分：二维码图片的裁剪、去色、切片和打印，二维码灯箱的 3D 模型设计、切片和打印，电子器件的选择、线路功能设计和安装。

（1）制作二维码灯箱首先要选择二维码。每个二维码灯箱的用途不一样，有用来支付的、有用来做微信名片的，也有作为微信 QQ 扫码加群的。本书以作者的微信二维码名片作为案例介绍二维码灯箱的制作过程。首先从微信中下载二维码的图片文件（图 4-50），将二维码图片保存到电脑桌面。

图 4-50

（2）去色处理。因为微信二维码图片中间是绿色的，为了使 2D 图片转 3D 模型效果好些，先使用 photoshop 软件对二维码图片进行去色处理。处理后得到黑白照片。

（3）2D 图片转 3D 图片。图片去色完成后，将图片拖入 JGcreat 切片软件中，设置高度为 2.5～3mm，基底设置为 1.2mm，宽度和长度设置为 120mm。实际设计尺寸可以根据需要修改。特性设置为暗处更凸出（图 4-51）。

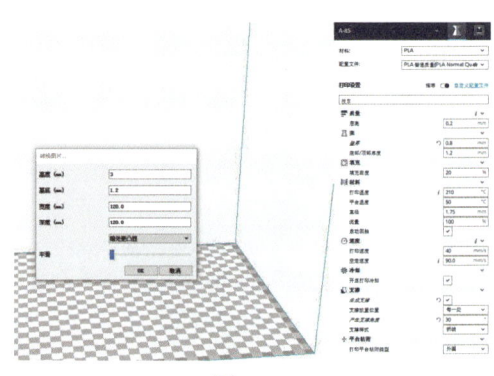

图 4-51

（4）制作模型。图片导入完成后，设置打印层高为 0.1mm，填充为 20%，打印速度 40，无须支撑，打印温度 210℃（图 4-52）。参数全部设置完成后，记下模型打印的预计时间。导出模型文件到 U 盘或者内存卡，准备打印。

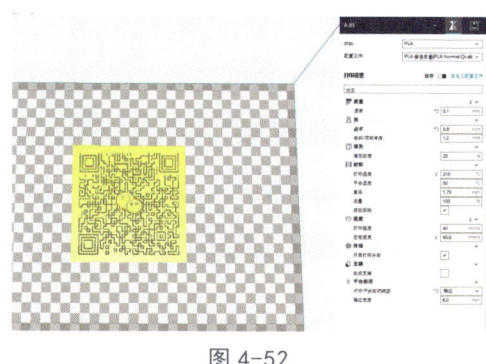

第4章　融合电子学和3D打印案例

图 4-52

（5）打印模型。预热打印机。当打印开始后先装入白色 PLA 材料，等待二维码模型基底部分打印完成后（即白色的底片打印堆积完成），剪断白色 PLA 料丝，换上黑色 PLA 料丝。本案例使用的是激光尔沃 A8S 3D 打印机，是双步进电机上料，所以直接剪断续上即可，非常方便。打印完成，取出作品（图 4-53）。

图 4-53

（6）设计二维码灯箱的三维数字模型。由实物可以分析得知模型由一个"L"形的灯箱结构组成（图 4-48）。

（7）打开中望 3D One 软件，单击"小魔方"选择上视图，再选择"基本实体">"正六面体"命令，绘制一个边长为 120mm×120mm，高为 20mm 的六面体。绘制完成后单击"√"按钮保存（图 4-54）。

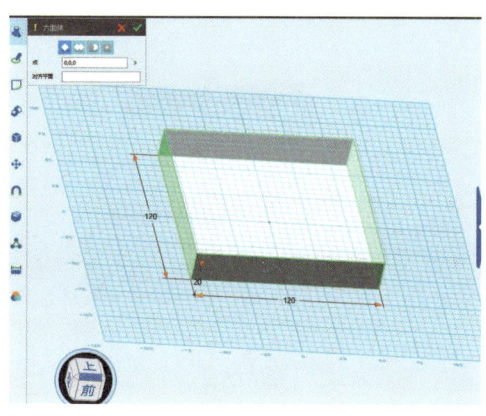

图 4-54

（8）左键单击选择六面体，在弹出的命令列表中选择"抽壳"命令，设置厚度为 –3mm，开放面选择上面。参数修改完成后单击"√"按钮完成操作（图 4-55）。

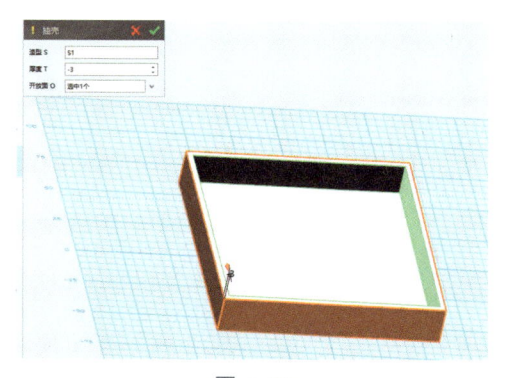

图 4-55

087

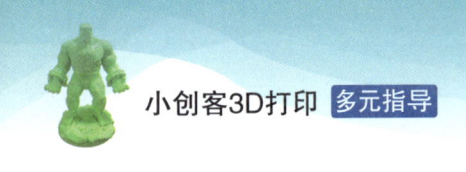

（9）在同一基准面上使用"基本实体"命令再绘制一个长120mm，宽80mm，高20mm的六面体。参数修改完成后单击"√"按钮完成操作（图4-56）。

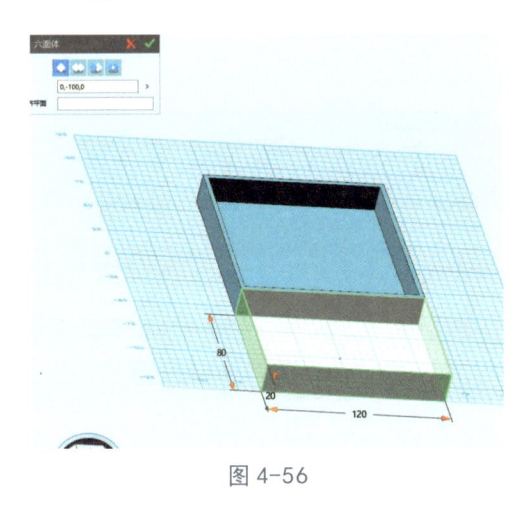

图 4-56

（10）选定步骤（9）绘制的六面体，在弹出的命令列表中选择"移动"命令，再在弹出的移动命令栏中选择"动态移动"命令，然后拖动竖直方向的滚轮设置角度为60°。完成后单击"√"按钮完成操作（图4-57）。

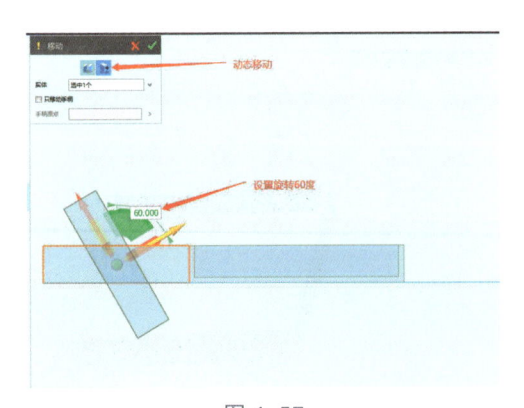

图 4-57

（11）选择旋转后的实体，在弹出的命令栏中选择"点到点移动"命令，单击设置盒子的"顶角"为起始点，设置盒子的"顶角"为目标点。设置完成后单击"√"按钮完成操作（图4-58）。

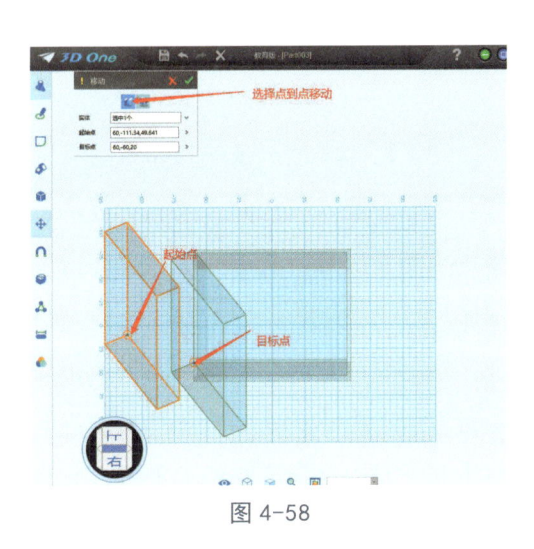

图 4-58

（12）切换视图到右视图，使用"草图绘制" > "直线"命令绘制三角形（图4-59）。绘制完成后单击"√"按钮保存。

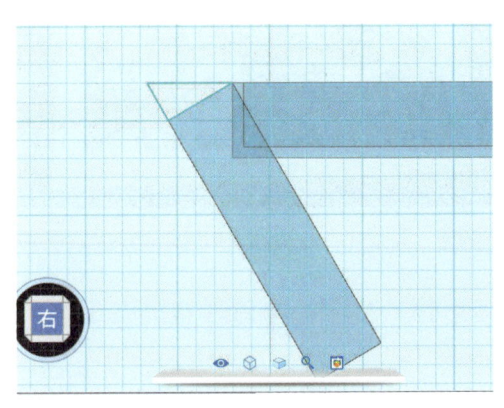

图 4-59

第4章　融合电子学和3D打印案例

（13）选择步骤（12）绘制的三角形平面，单击选择三角形平面，在弹出的命令列表中选择"拉伸"命令，反方向拉伸120mm使其结构与底座平面平行对齐。完成后单击"√"按钮完成操作（图4-60）。

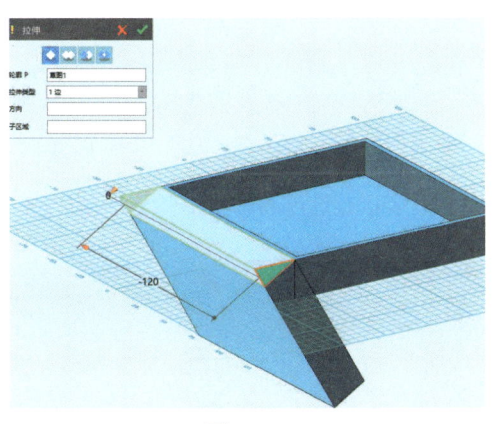

图4-60

（14）选择"草图绘制"＞"预制文字"命令，以步骤（13）完成的三棱柱长边的平面为基准面，预制文字。这里预制文字的内容为"扫码学创客"，字体选择楷体、13号字。完成后单击"√"按钮完成操作（图4-61）。

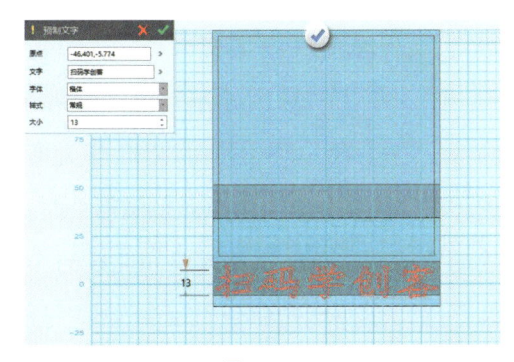

图4-61

（15）单击绘制好的"扫码学创客"文字，在弹出的命令列表中选择"拉伸"命令，再选择拉伸高度为2mm，"方向"、"子区域"选择默认。完成后单击"√"按钮保存绘制（图4-62）。

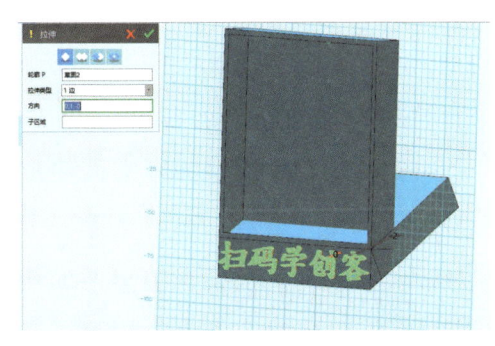

图4-62

至此，二维码灯箱的外形大体上就绘制完成了（图4-63）。

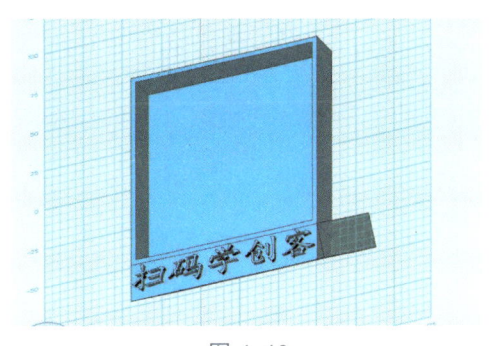

图4-63

3. 开关式二维码灯箱的制作

实现灯箱二维码夜晚仍然可以发光被识别，不影响使用。这一功能有两种方案供不同等级的小创客选择。第一种是使用开关来实现对灯箱的开关控制。

089

第二种是使用三极管和光敏电阻实现二维码灯箱的自动点亮控制。两种不同的控制方法需要分别按不同的方式修改模型。选择开关控制的方案需要在灯箱内为开关预留一个位置。使用光敏电阻的需要在灯箱上预留光敏电阻的位置使电阻处于外部环境（即漏出壳外）。本案例选择开关来控制灯箱光源。

（1）以灯箱的内壁为基准面使用"草图绘制"＞"矩形"命令，绘制一个长18mm，宽12mm的矩形（图4-64）。绘制完成后单击"√"按钮完成操作。

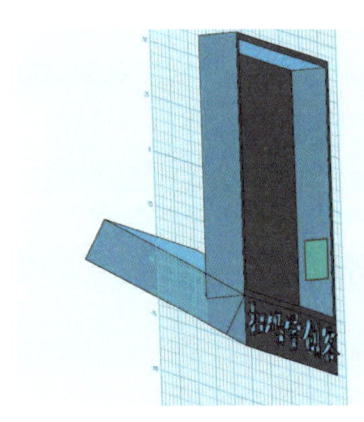

图4-64

（2）单击选择步骤（1）绘制的矩形，在弹出的命令列表中选择"拉伸"命令，然后单击工具栏选择"减运算模式"，拉伸厚度设置为1.5mm。完成后单击"√"按钮保存（图4-65）。

（3）在步骤（2）拉伸切出的长方形凹槽平面内，选择"草图绘制"＞"圆形"命令，以长方形的中心为圆心绘制一个半径为5mm的圆形。完成后单击"√"按钮（图4-66）。

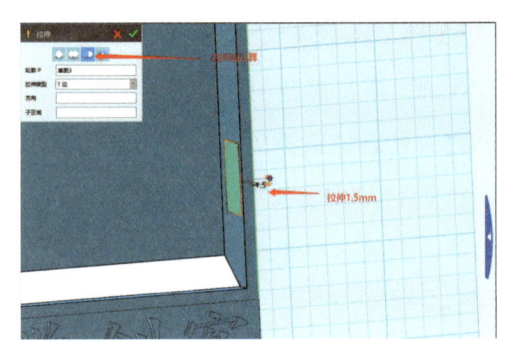

图4-65

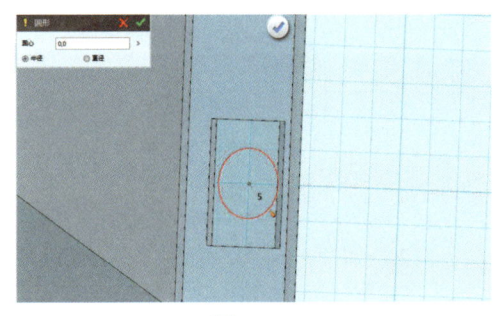

图4-66

（4）单击选择步骤（3）绘制的圆形，在弹出的命令列表中选择"拉伸"命令，模式选择"减运算模式"，拉伸方向向外，厚度设置为–1mm。设置完成后单击"√"按钮（图4-67）。

（5）单击"草图绘制"＞"圆形"命令，在步骤（4）拉伸的圆形开关槽内，再绘制一个半径为3mm的圆形平面。绘制完成后，单击选择刚绘制完成的小圆平面，在弹出的命令列表中选择"拉伸"命令，模式选择"减运算模式"，厚

第4章　融合电子学和3D打印案例

度设置为 –5mm（打出一个小孔）。绘制完成后单击"√"按钮保存（图4-68）。开关方案的二维码灯箱的外壳制作完成（图4-69）。

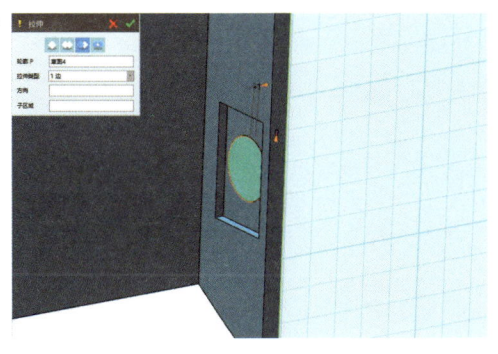

图 4-67

图 4-68

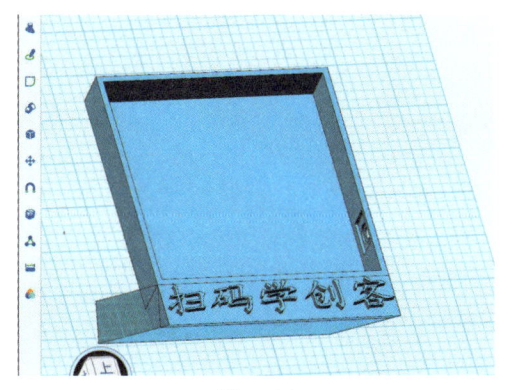

图 4-69

4. 项目拓展

对于一些高等级创客来说使用开关控制二维码灯箱显得有些平淡缺乏创意，所以这里再介绍一种适合高等级创客体验制作的二维码灯箱。即用三极管和光敏电阻控制二维码灯箱在黑暗环境下自动发光，亮光下自动熄灭，具体电路如下（图4-70）。

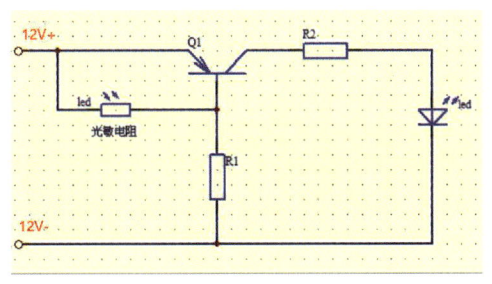

图 4-70

这种二维码灯箱的自动控制开关方式通过电子器件和电路实现，不需要单片机和传感器编程，降低了课程案例项目的制作成本。模型设计只需在盒子上开个孔将光敏电阻暴露在外面即可。该方案结构非常简单，创客可以独立完成项目。

第 5 章

Arduino智能控制

5.1 什么是Arduino

Arduino是一款开源开发平台，在全球有数以万计的爱好者用它开发项目。平台基于AVR单片机的微型控制器和相应的开发软件。自2005年问世以来，其硬件和开发环境一直更新迭代，目前，市场上Arduino的电路板有很多种，如Arduino UNO和Arduino Mega 2560（图5-1）。

Arduino项目最初起源于意大利。这个名字在意大利是男性用名，音译为"阿尔杜伊诺"，意思是"强壮的朋友"，一般作为专有名词使用。创始团队包括Massimo Banzi（大胡子板子叔）、David Cuartielles、Tom Igoe、Gianluca Martino、David Mellis、Nicholas Zambetti 6人（图5-2）。Arduino最初是为非电子工程专业的学生设计的，由于开源、廉价、好用等特点，一经推出迅速被广大电子爱好者使用和推广。随着国内外创客教育的兴起，Arduino被广泛应用于创客教育并成为一种创客器材。Arduino最大的特点在于几乎任何人，即便不懂电脑编程，也可以利用这个开发板做出符合自己创意的炫酷作品。例如，对一些传感器探测做出回应，控制灯光、电机、舵机等执行器等。

图5-1

图5-2 Arduino部分创始人

5.2 为什么要使用 Arduino

目前，Arduino 是国内创客教育非常火的平台之一。在全国中小学生电脑制作活动、Maker Fire 等各种创客比赛和展示中，经常看到各种各样基于 Arduino 的有趣开发。

虽然 Arduino 具有很多优点，但是并非所有的设计制作都要用到它，而要根据项目目标和设计功能要求来选用。如果只是单纯为了实现设计需要的功能，原则上"简单能用电路和逻辑电路解决的问题，就没必要动用单片机"。也就说，如果只是为了实现一个简单的逻辑条件，比如，第 4 章介绍的创意福字灯课例只是为了实现"福"字灯倒立则电路接通，这样简单的逻辑功能就没必要动用 Arduino 或者其他单片机，只需要用电路串联一个倾角开关就能解决问题。这也是为什么把电子学的课例放在 Arduino 课例之前的原因。有些人被误导，认为创客的电子功能实现只能依托于编程，事实上初等创客教育用到的功能设计都是比较简单的，使用逻辑电路就可以实现。Arduino 常用来解决一些相对复杂的设计结构。

选择 Arduino 作为创客课程的硬件平台有很多原因。

首先，Arduino 的硬件和软件都是开源的，所有人都可以查看和下载源代码和设计资料，而且可以用来进行二次开发。这也是 Arduino 被大家所推崇的重要原因之一。

其次，Arduino 可以和 LED、点阵显示板、电机、各种传感器（包括按钮）以太网卡等各类可以输出输入数据或被控制的任何设备连接。

再次，互联网的论坛社区里资源十分丰富，各种案例、资料可以帮助创客迅速制作自己想要的电子设备。

最后，开源的特性使众多第三方图形化编程软件可以与之完美衔接，使各个等级的创客都能使用 Arduino，让初级创客也能玩硬件，做编程。并且，随着创客认知水平的提高，可以逐渐脱离图形化编程，过渡到代码语言编程。

5.3 Arduino 开发板

Arduino UNO 开发板设计非常简洁。它由 1 块 AVR 单片机（ATmega328）、1 个 16MHz 晶振、14 路数字输入 / 输出引脚（其中 6 路 PWM 输出）、1 个 USB 接口、1 个 ICSP 接头和 1 个复位按钮组成。Arduino 有各种各样的开发板，其中最通用的就是 Arduino UNO，它是我们在学校创客试验室见得最多的板子。除此之外，还有很多小型的、微型的、基于蓝牙和 WiFi 的等一系列变种开发板。如 Arduino Due、Arduino Yun、Arduino Micro、Arduino Robot、Arduino Mini、Arduino Nano、Arduino LilyPad 等。

Arduino UNO（图 5-3）具有 Arduino 的所有功能，是初级创客的最佳选择。Arduino UNO 的兼容性很好，可以将 Arduino UNO 开发的代码移植到其他型号的 Arduino 板中。

图 5-3

5.4 Arduino 官方编程环境

Arduino 由硬件（各类开发板）和软件组成。下面介绍 Arduino 的开发环境 Arduino IDE。

搭建 Arduino IDE 的编程环境首要从 Arduino 网站下载 Arduino 的集成开发包，下载网址为 https://www.Arduino.cc/en/Main/Software。进入网站之后，切换至中文页面，然后选择适合自己计算机操作系统的版本下载安装即可（图 5-4）。

图 5-4

下载安装完成后，就可以开启 Arduino 编程开发之旅了。需要强调的是，第一次运行 Arduino IDE 时会提示自动安装驱动软件。如果计算机联网则可成功安装程序。如果没有联网则需要人工引导安装驱动，请耐心完成驱动安装。完成 Arduino IDE 搭建就可以使用 Arduino 的开发环境进行编程开发了。

首先连接 Arduino 开发板和计算机。方法是将 USB 线一端插在 Arduino 开发板上，另一端插在计算机的 USB 接口上（独立工作时，Arduino 开发板可以选择从 USB 供电，也可以选择由电源适配器供电）。连接好 Arduino 开发板和计算机

第5章　Arduino智能控制

后，双击Arudino IDE快捷图标打开界面，即可运行软件了（图5-5）。

图 5-5

如果英文界面不习惯可以更改为中文界面。运行 Arduino IDE 程序，选择"File">"Preferences"命令，找到"Editor language"项，将其设置为中文，关闭 Arduino IDE 主程序并重新运行程序即可（图5-6）。

图 5-6

Arduino 编程环境的简单介绍如下（图5-7），后面案例会详细介绍具体的使用。

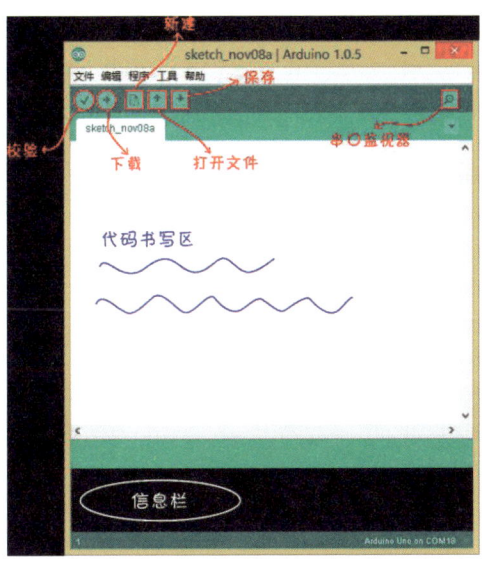

图 5-7

下面，通过案例 Blink 简单介绍 Arduino 程序框架（图5-8）。Arduino 程

图 5-8

097

序的基本框架由 setup( ) 和 loop( ) 两部分组成。在 Arduino 开发板中，程序运行时首先执行 setup( ) 函数，然后执行 loop( ) 函数，并且不断循环执行 loop( ) 函数。每次 Arduino 通电或者重启后，都会首先执行 setup( ) 函数，并且 setup( ) 函数只执行 1 次。setup( ) 函数用于设置引脚的输入/输出类型、配置串口、引入类库文件和外围器件使用前的初始化等。loop( ) 函数在程序运行过程中不断循环，根据所编写的程序完成指定的输入/输出功能。

Arduino 的编译环境用于创客教育编程是有难度的。首先，Arduino 语言是建立在 C/C++ 基础上的。Arduino 语言只不过把 AVR 单片机（微控制器）相关的一些参数设置函数化，不用用户去了解它的底层，让不了解 AVR 单片机（微控制器）的用户也能轻松使用。从创客教育工作中发现有些创客对 Arduino 语言还是难以入门，这里推荐一个学习资源网站：http://wiki.dfrobot.com.cn，网站里有丰富的资源供大家学习。

5.5 Arduino 的图形化编程环境

前面介绍了 Arduino 编程环境。虽然代码编程具有众多优点，但是由于目前创客教育中很大一部分的目标群体是中小学学生，在教学中使用 Arduino 语言编程显然有很大的难度，因此产生了众多的图形化软件开发环境。

目前，创客教育中图形化软件开发环境非常丰富（图 5-9～图 5-14）。例如，Arduinod 的 Ardublock、北京师范大学的 Mixly、西班牙 Citilab 的 Sctatch for Arduino（S4A）、深圳创客工厂的 Makeblock、深证为美致新的 Weeemake、乐高的 Mindstorms 等开发编程环境都是图形化编程环境。创客教师在开展教学前选择一款合适的开发平台非常重要，需根据创客的情况进行选择。

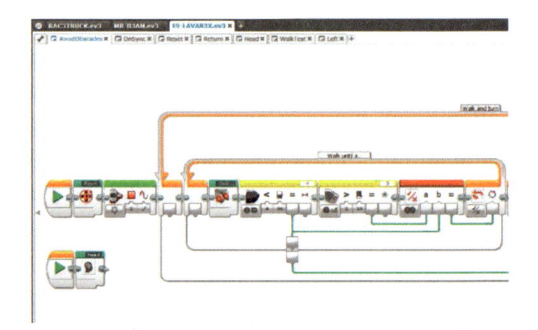

图 5-9

第5章　Arduino智能控制

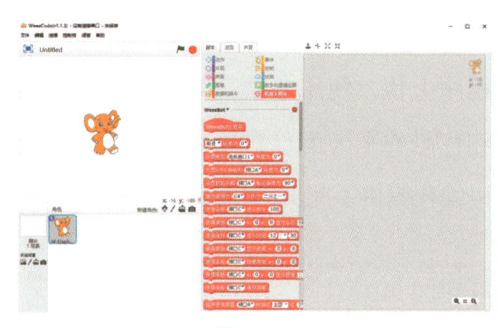

图 5-10

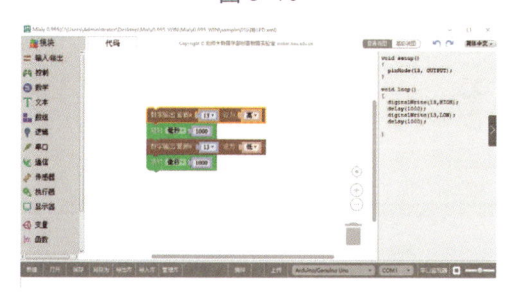

图 5-11

图 5-12

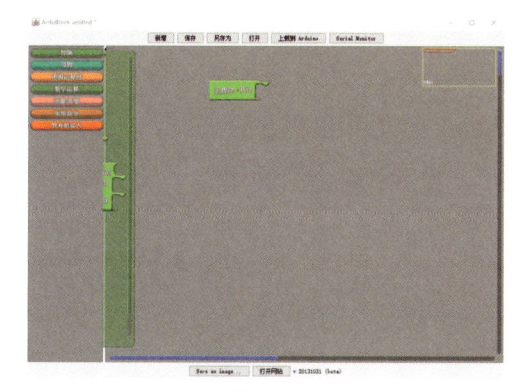

图 5-13

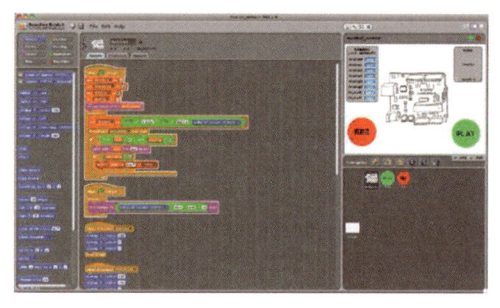

图 5-14

1. Mixly 简介

Mixly 是北京师范大学教育学部创客教育实验室基于 Blockly 和 Java8 开发的一款图形化编程开发环境软件。目前，开源硬件 Arduino 开发板中的 AVR 系列均可通过 Mixly 进行开发。另外，Mixly 支持第三方库的导入，包括最新发布的掌控板。与 Arduino 的可视化编程插件 ArduBlock 相比，Mixly 简化了 Arduino IDE 和 ArduBlock 可视化编程插件的双窗口界面，为用户提供了对比学习代码编程和图形化编程的编程环境。

通过北京师范大学教育学部创客教育实验室网站：http://maker.bnu.edu.cn/mixly 可免费下载 Mixly 软件。在网站首页界面选择"Mixly For Arduino"菜单即可下载。

2. Mixly 界面介绍

首次运行 Mixly 需要安装 Arduino 驱动，或者在使用之前确保计算机已经安装了 Java 环境。在解压后的文件夹中

099

双击 Mixly 的程序图标（图 5-15）运行程序。

　　Mixly 的软件界面非常简洁，用户在了解相应区域模块功能的基础上，通过"拖、拉、拽"等操作，快速完成编程和程序上传，使用非常高效。另外，模块和代码的平铺窗口对比也为后期学习代码编程提供了完美的衔接（图 5-16）。

图 5-15

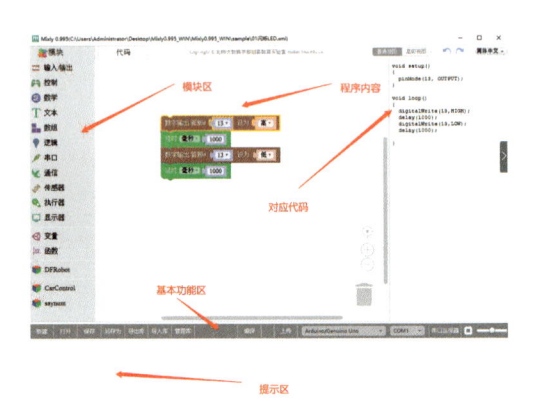

图 5-16

第 6 章

结合Arduino控制和3D打印的创客课例

6.1 小兔子测距仪——3D打印与 Arduino 图形化编程

蝙蝠非常善于夜晚捕猎。它可以通过超声波来确定猎物的位置，在黑暗的环境中快速寻找发现并捕获猎物（图6-1）。研究蝙蝠发射和接收超声波的方法，人们发明了很多有用的技术（图6-2）。

图 6-1

图 6-2

超声波是一种频率高于 20 kHz 的声波。这样的声波人耳是听不见的。它和普通声波有共同之处，即都是由振动产生的，并且只能在介质中传播。超声波广泛存在于自然界。

本案例利用 Mixly 图形化编程以及 Arduino 开发板、超声波传感器和 LCD1602 等来设计制作一个手持式小兔子测距仪（图6-3）。

正面

背面

图 6-3

1. 教学目标

（1）通过测量电子元件尺寸，利用中望 3D One 设计制作测距仪外壳，培养创客的三维数字建模能力。

（2）学习使用超声波传感器让创客

第6章 结合Arduino控制和3D打印的创客课例

了解超声波传感器的工作原理和传感器相关硬件知识。

（3）通过项目式教学，让创客在动手创作中学会发现问题，解决问题。引导创客利用超声波传感器设计其他创意作品。

（4）通过融合项目的教学，让创客爱上编程，掌握创客基本技能（三维建模）。

2．模型建模过程

（1）打开中望3D One，单击"小魔方"选择上视图，在网格基准面上选择"基本实体"＞"六面体"命令，绘制一个底面宽90mm、长50mm、高40mm的六面体。绘制完成后单击左侧对话框中绿色"√"按钮保存。

（2）单击"小魔方"选择前视图，在步骤（1）绘制的实体下方使用"草图绘制"＞"矩形"命令，绘制一个长60mm、宽40mm的矩形，绘制完成后单击左侧对话框中绿色"√"按钮和中间的"√"按钮完成线框绘制（图6-5）。

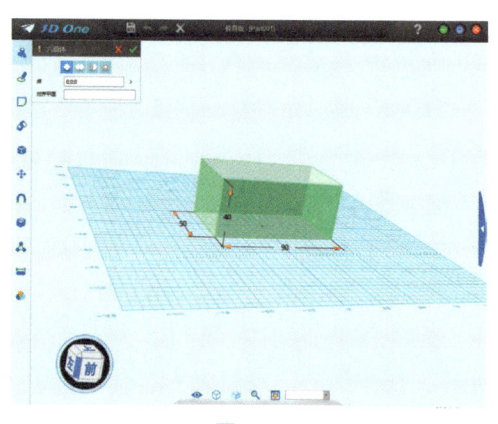

图 6-4

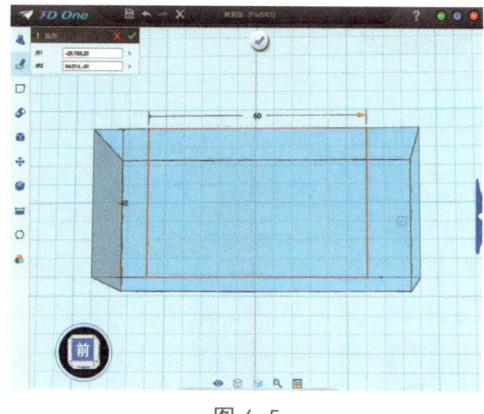

图 6-5

（3）单击选择步骤（2）绘制的条形线框平面，在弹出的列表中选择"拉伸"命令，设置拉伸高度为160mm。设置完成后单击左侧对话框中绿色"√"按钮保存（图6-6）。此六面体为小兔子测距仪的把手。

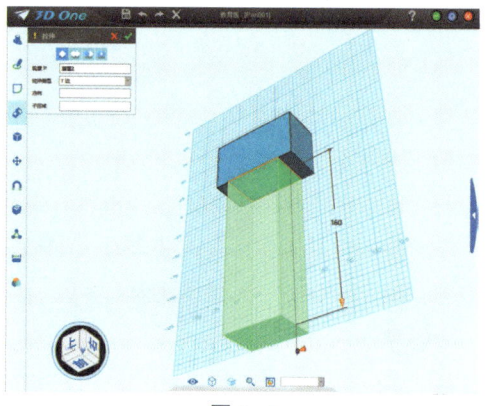

图 6-6

（4）单击选择步骤（1）绘制的六面体棱边，在弹出的命令列表中选择"圆

103

角"命令，设置圆角参数为5mm。设置完成后，单击左侧对话框中绿色"√"按钮保存（图6-7）。

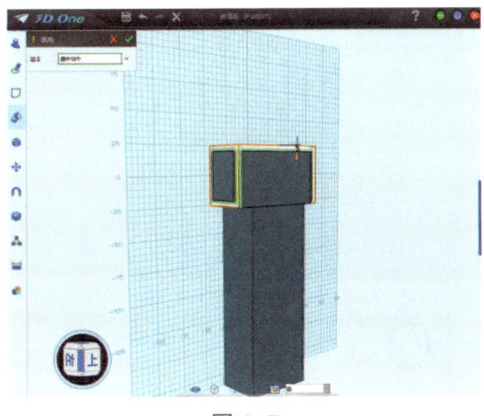

图6-7

（5）单击选择步骤（3）绘制的六面体棱边，在弹出的命令列表中选择"圆角"命令，设置圆角参数为2mm。设置完成后，单击左侧对话框中绿色"√"按钮保存（图6-8）。

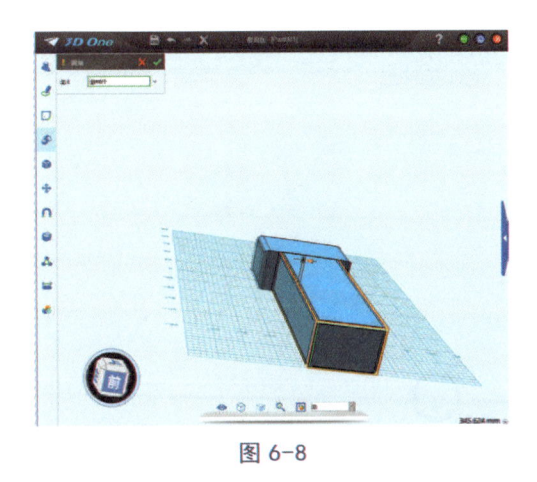

图6-8

（6）单击"小魔方"选择前视图，在步骤（1）绘制的实体上基准面选择使用"草图绘制" > "通过点绘制曲线"命令，绘制耳朵形平面图（图6-9）。绘制完成后，单击左侧对话框中绿色"√"按钮和中间的"√"按钮完成"耳朵"平面绘制。

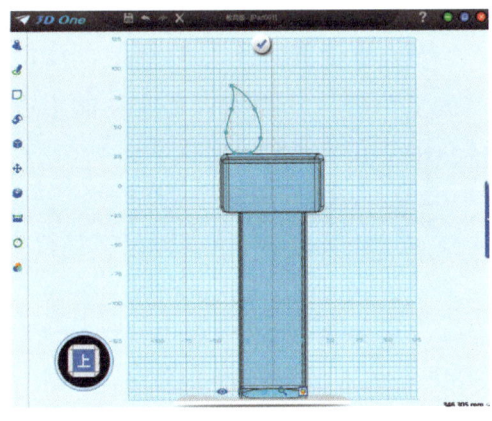

图6-9

（7）单击选择步骤（6）绘制的图形，在弹出的命令列表中选择"镜像"命令，再选择镜像模式为"创建"，设置镜像线为中线。设置完成后，单击左侧对话框中绿色"√"按钮保存（图6-10）。

（8）单击选择步骤（7）绘制的小兔子"耳朵"图形，依次使用"拉伸"命令对"耳朵"进行拉伸操作，设置拉伸高度为15mm。完成后单击左侧对话框中绿色"√"按钮（图6-11）。

（9）单击选择步骤（8）拉伸的几何体，在弹出的命令列表中选择"移动"将"耳朵"向下移动到居中位置，模式

104

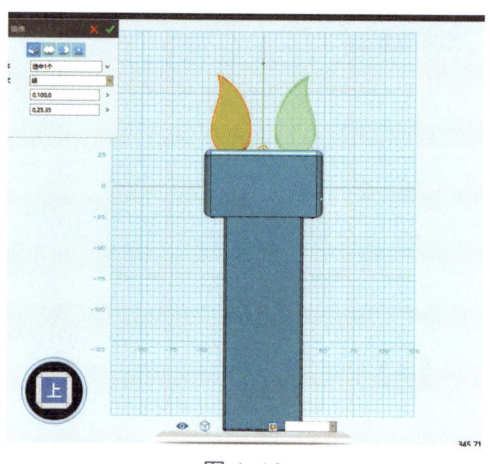

第6章　结合Arduino控制和3D打印的创客课例

图 6-10

图 6-11

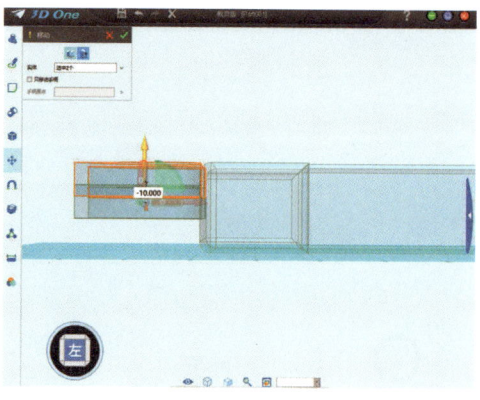

图 6-12

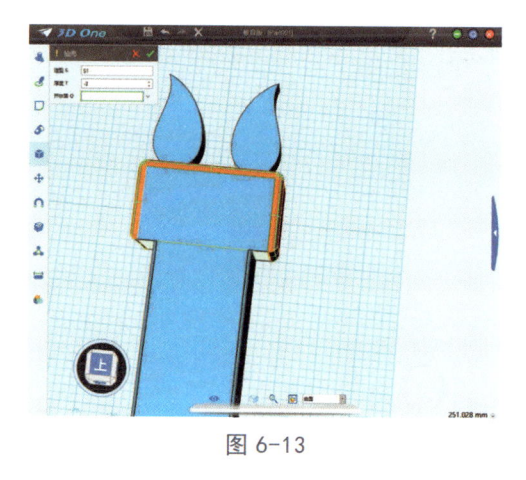

图 6-13

选择为"动态移动",参数设置为10mm。设置完成后单击左侧对话框中绿色"√"按钮保存(图6-12)。

(10)选择步骤(1)绘制的六面体,单击"头部",在弹出的命令列表中选择"抽壳"命令,对"头部"进行抽壳,设置抽壳厚度参数设置为–3mm(图6-13)。设置完成后单击左侧对话框中绿色"√"按钮保存。

(11)选择步骤(3)拉伸得到的六面体,单击隐藏把手。然后,选择使用"直线"命令,再选择把手的最大侧面为基准面,绘制直线并拉伸,使拉伸的直线贯穿"头部"形成切割平面(图6-14)。

(12)单击选择"头部",在左侧命令列表中选择"实体分割"命令,选择基体为"头部",再选择分割面为步骤(11)拉伸的贯穿平面。完成后,单击左侧对话框中绿色"√"按钮完成分割(图6-15)。

105

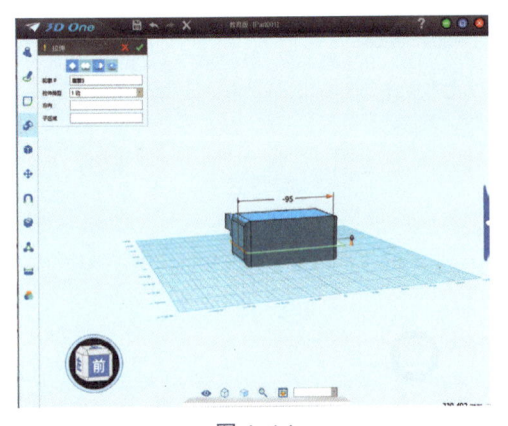

图 6-14

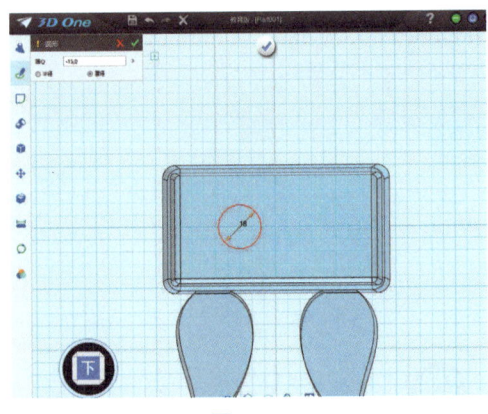

图 6-16

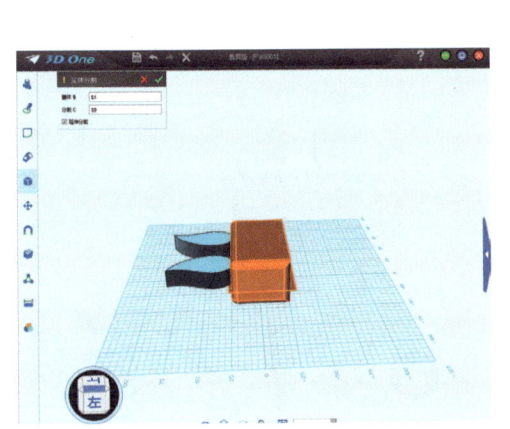

图 6-15

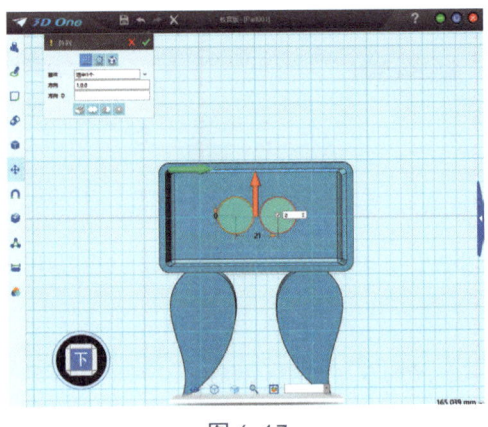

图 6-17

（13）单击"小魔方"选择下视图，选择左侧命令栏中的"圆形"命令，再选择"头部"大侧面为基准面，绘制一个圆，直径设置为 18mm。设置完成后，单击左侧对话框中绿色"√"按钮保存（图 6-16）。

（14）单击步骤（13）绘制的圆形，在弹出的命令列表中选择"阵列"命令，设置模式为线性阵列，方向选择为水平方向。设置完成后，单击左侧对话框中绿色"√"按钮保存（图 6-17）。

（15）单击步骤（14）绘制的圆形，在弹出的命令列表中选择"拉伸"命令，再选择"减运算"模式，设置拉伸厚度为 50mm。设置完成后单击左侧对话框中绿色"√"按钮保存（图 6-18）。

（16）单击"小魔方"选择上视图，选择草图绘制命令中的"矩形"命令，再选择"头部"平面为基准面，绘制矩形，设置矩形长为 73mm、宽 28mm。设

第6章 结合Arduino控制和3D打印的创客课例

置完成后单击左侧对话框中绿色"√"按钮保存（图6-19）。

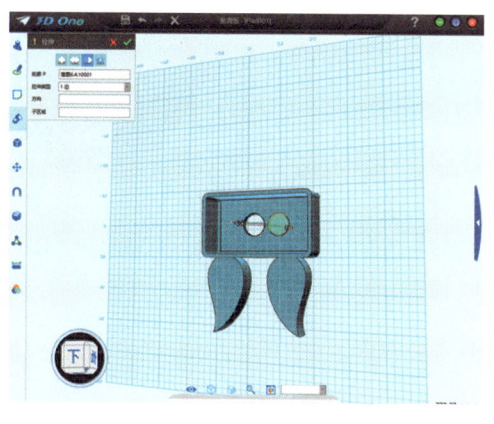

图6-18

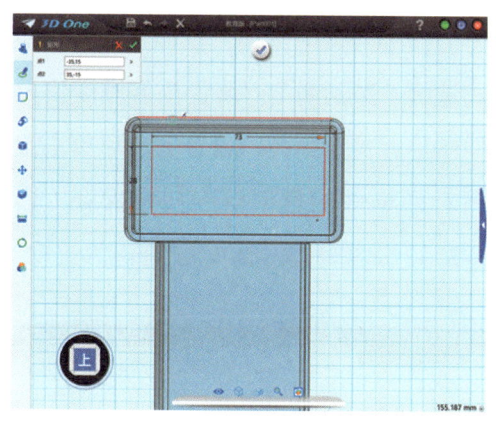

图6-19

（17）单击步骤（16）绘制的矩形平面，在弹出的命令列表中选择"拉伸"命令，模式选择"减运算"，设置拉伸厚度为13mm。设置完成后单击左侧对话框中绿色"√"按钮保存（图6-20）。

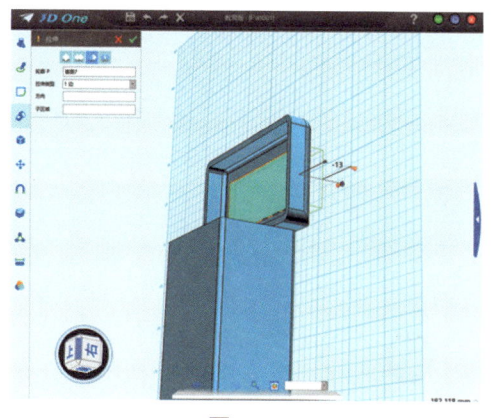

图6-20

（18）显示全部模型，单击把手，在弹出的命令列表中选择"抽壳"命令，设置抽壳厚度为–3mm。设置完成后单击左侧对话框中绿色"√"按钮保存（图6-21）。

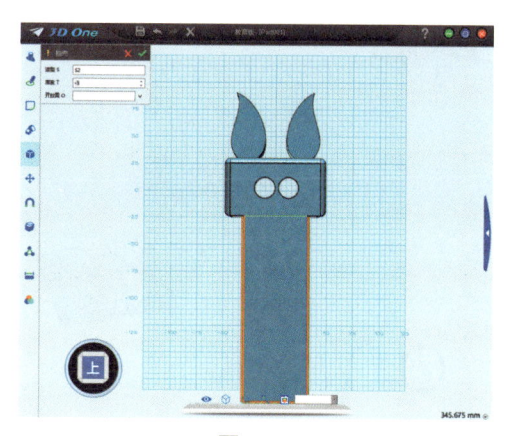

图6-21

（19）单击"小魔方"选择左视图，选择"草图绘制" > "矩形"命令，再选择把手侧面为基准面，绘制曲线（图6-22）。绘制完成后单击左侧对话框中绿色"√"按钮保存。

107

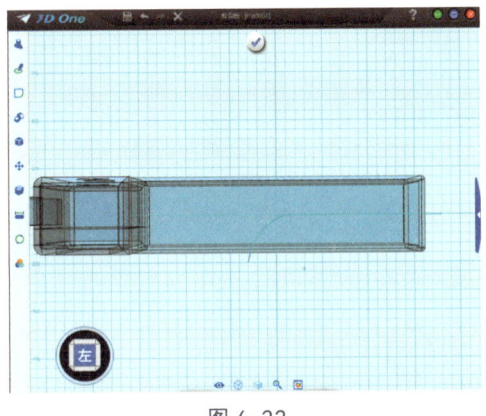

图 6-22

图 6-24

（20）单击步骤（19）绘制的曲线，在弹出的命令列表中选择"拉伸"命令，设置拉伸高度使高度足够贯穿壳体（图6-23）。设置完成后单击左侧对话框中绿色"√"按钮保存。

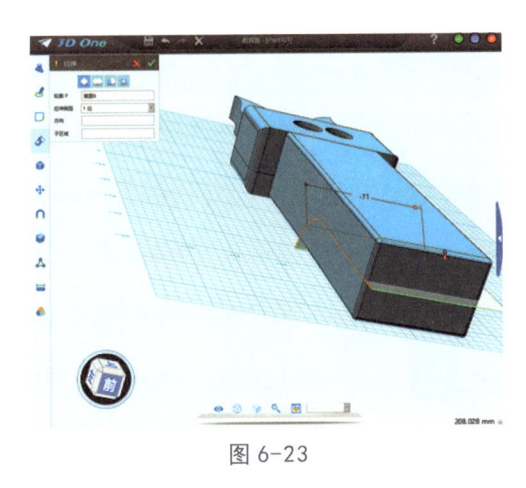

（22）隐藏"头部"时，选择"把手"长方体后方平面为基准面，绘制矩形平面。绘制完成后，单击矩形，在弹出的命令列表中选择"拉伸"命令，模式选择"减运算"，设置拉伸厚度使拉伸体足够贯穿壳体。设置完成后单击左侧对话框中绿色"√"按钮保存（图6-25）。

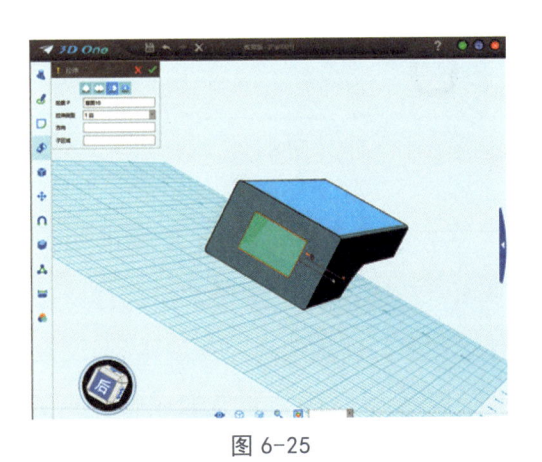

图 6-23

图 6-25

（21）单击把手，在左侧命令列表中选择"实体分割"命令，再选择分割面为步骤（20）拉伸的贯穿曲面。完成后单击左侧对话框中绿色"√"按钮保存（图6-24）。

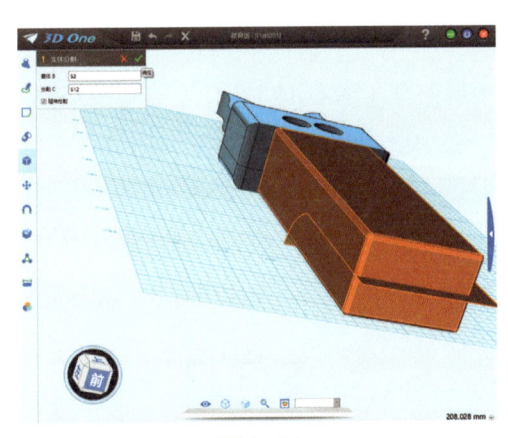

（23）切换可见性时，单击"小魔方"选择前视图，再选择"头部"下方

108

第6章 结合Arduino控制和3D打印的创客课例

平面为基准面,绘制矩形平面。绘制完成后单击选择矩形平面,在弹出的命令列表中选择"拉伸"命令,模式选择"减运算",设置拉伸厚度使拉伸体足够贯穿壳体。设置完成后,单击左侧对话框中绿色"√"按钮保存(图6-26)。

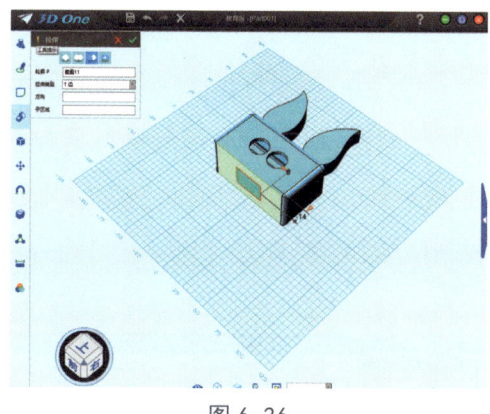

图 6-26

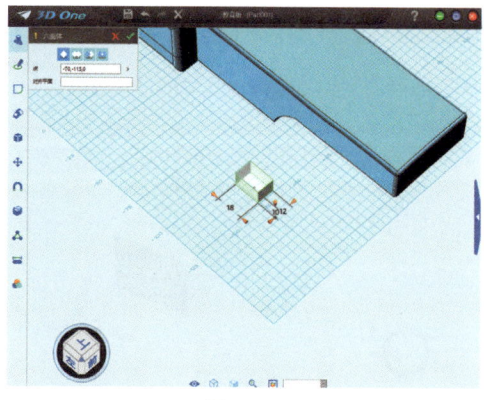

图 6-27

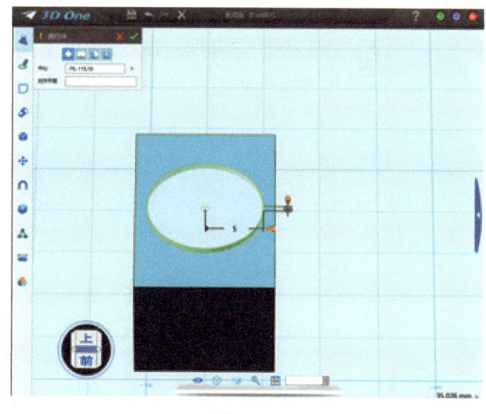

图 6-28

(24)单击"小魔方"选择上视图,然后选择"基本实体">"长方体"命令,再选择网格面为基准面,分别设置长方体的长为12mm、宽为18mm、高为10mm。设置完成后,单击左侧对话框中绿色"√"按钮保存(图6-27)。

(25)单击"小魔方"选择上视图,然后选择"基本实体">"圆柱体"命令,再选择步骤(24)绘制的长方体上表面为基准面,设置圆柱体半径为5mm、高为5mm。设置完成后,单击左侧对话框中绿色"√"按钮保存(图6-28)。

(26)单击"小魔方"选择上视图,然后选择"基本实体">"圆柱体"命令,再选择步骤(25)绘制的圆柱体上表面为基准面,设置圆柱体半径为3mm、高为10mm。设置完成后,单击左侧对话框中绿色"√"按钮保存(图6-29)。

(27)组合步骤(24)~步骤(26)绘制的3个几何体时,单击所选组合后的实体,在弹出的命令列表中选择"移动"命令,再选择移动模式为"动态移动"(图6-30)。移动完成后,单击左侧

109

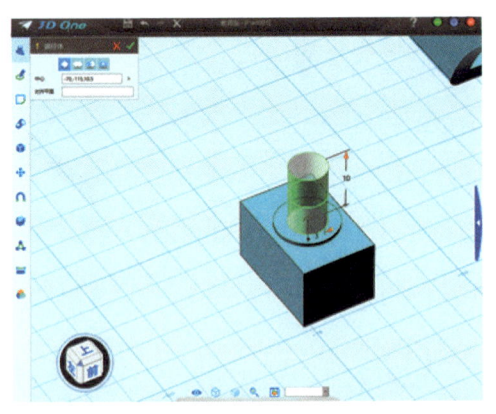

图 6-29

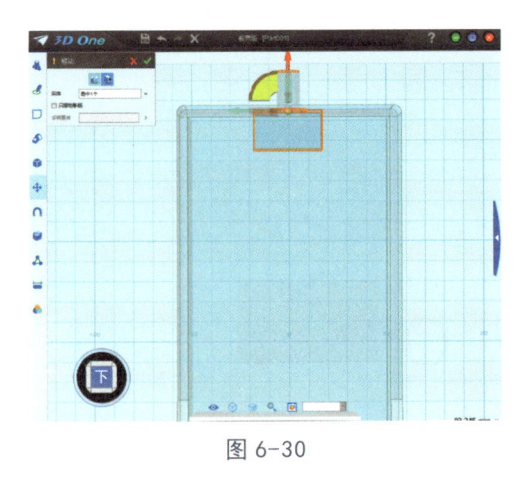

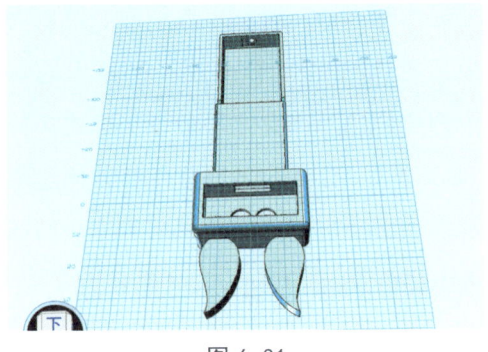

图 6-30

图 6-31

（29）单击"圆角"命令，修改"耳朵"的边角，设置圆角参数为5mm。设置完成后，单击左侧对话框中绿色"√"按钮保存（图6-32）。

图 6-32

对话框中绿色"√"按钮保存。

（28）单击测距仪外壳实体，在左侧的命令列表中选择"组合编辑"命令，设置组合编辑模式为"减运算"，基体选择测距仪壳体，合并体选择移动到步骤（27）得到的小几何体位置。设置完成后，单击左侧对话框中绿色"√"按钮保存，得到开关凹槽（图6-31）。

（30）导出模型STL格式的文件到JGcreat切片软件中切片打印，注意添加支撑和模型的摆放。这里选择侧向摆放。这样摆放是为了使正面得到相对光滑的平面（图6-33）。

110

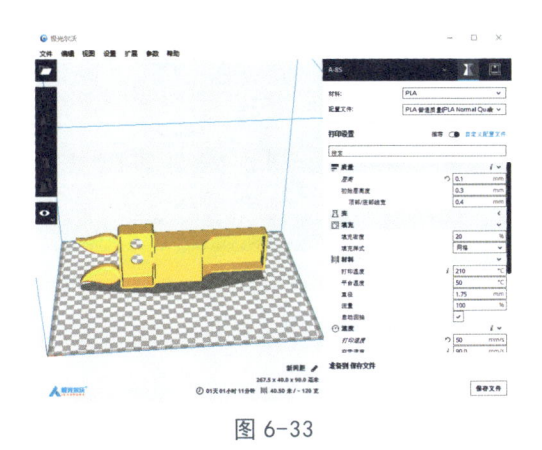

第6章 结合Arduino控制和3D打印的创客课例

图6-33

3. 硬件安装和设备连接

打印完成后取出模型，剥离支撑材料，就可以开始安装硬件和连接设备了。小兔子测距仪需要用到的其他硬件有：超声波距离传感器、LCD1602液晶显示屏、Arduino UNO板、IO拓展板、母对母杜邦线和18650电池（图6-34）。

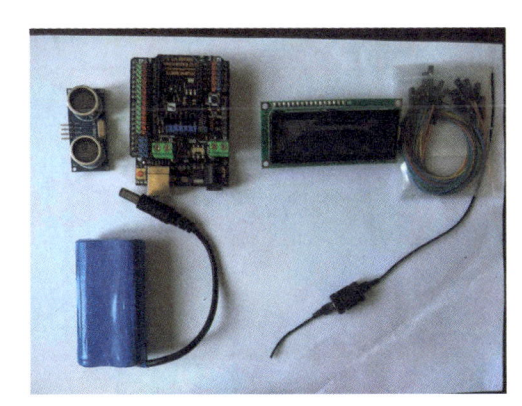

图6-34

4. 器材线路连接

超声波距离测距仪：

　　Echo—8号数字引脚

　　Trig—7号数字引脚

　　Vcc—任意数字引脚正极

　　Gnd—任意数字引脚负极

LCD1602液晶显示屏：

　　SCL—模拟引脚A5

　　SDA—模拟引脚A4

　　VCC—任意模拟引脚正极

　　GND—任意模拟引脚负极

设备连接好后，将设备安装到模型中（图6-35）。

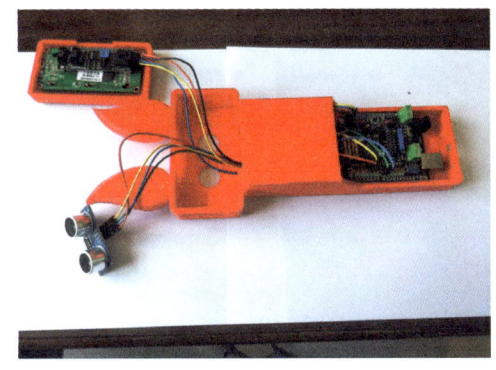

图6-35

将开关串联至18650电池组的电路中（图6-36），然后将开关安装到模型

图6-36

111

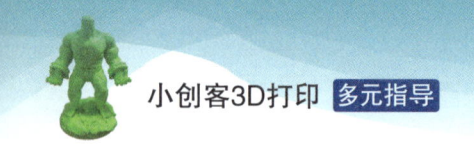

预留的开关座上，用502胶固定。

5. 程序的编写

小兔子测距仪的程序编写使用 Mixly 图形化程序（图 6-37）。连接硬件烧写好程序就可以试机了（图 6-38）。

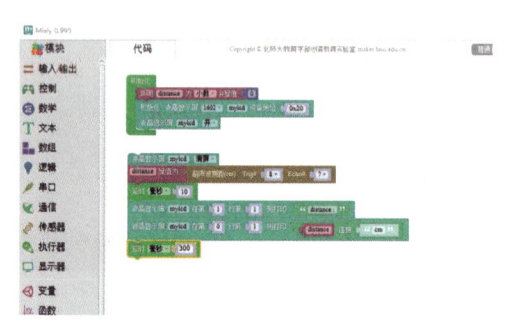

图 6-37

图 6-38

6. 课后拓展

请小创客尝试通过修改程序来改变测距仪的显示界面和刷屏速率。

6.2 智能语音识别台灯
—— 3D 打印与 Arduino 代码编程

说到人工智能，大家并不陌生，因为它已经从新闻报道走进了普通人的家庭，大家熟悉的小米音箱，随叫随到的"小艾同学"已经成为很多小创客热衷的玩物。可是，当大家向"小艾同学"提出各种各样的奇葩问题的时候，想过这个"小艾同学"的工作原理是怎样的？

现在就带领大家用 DF 的 Voice Recognition 语音识别模块（图 6-39）结合 Arduino 来设计制作属于自己的语音识别台灯，感受语音识别的魅力。

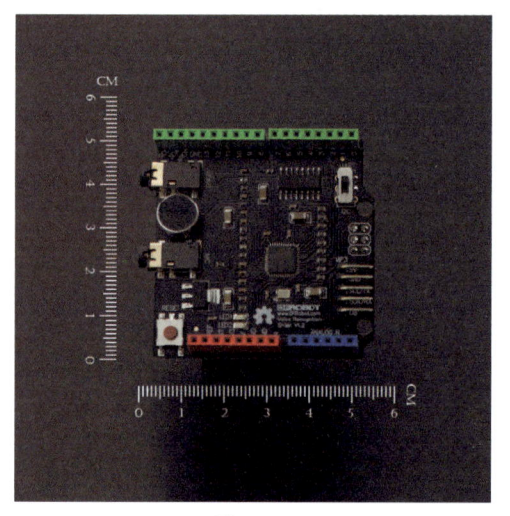

图 6-39

第6章　结合Arduino控制和3D打印的创客课例

Voice Recognition 语音识别模块是一款非特定人语音识别模块，只需要在主控 MCU 程序中设定好要识别的关键词列表，并动态地把这些关键词以字符的形式传送到芯片内部，就可以对用户说出的关键词进行识别，不需要用户事先训练和录音。DF 的这个模块可以设置 50 项候选识别句。每个识别句可以是单字，词组或短句，长度不超过 10 个汉字或者 79 个字母，可由一个系统支持多种场景。Voice Recognition 语音识别模块采用叠层设计，可以直接插接到 Arduino 控制板上，既简单又方便。利用这个模块除了可以实现开关的控制之外，还可以配合 MP3 语音模块制作出人机对话的互动作品，功能非常的强大。

现在，开始带领大家制作语音识别台（图 6-40）。首先是用中望 3D One 设计灯的外形。这是本书最后一个案例，就不对建模步骤一一讲述了，相信读者通过前面的案例学习已经可以设计制作出属于自己的创意台灯的外形了。其次是功能实现的部分。结合 3D 打印和 Arduino 制作的智能语音识别台灯需要用到电子模块和器材（图 6-41）。

中文语音识别模块 Voice Recognition 1 个；

Arduino UNO 控制板 1 个；

图 6-40

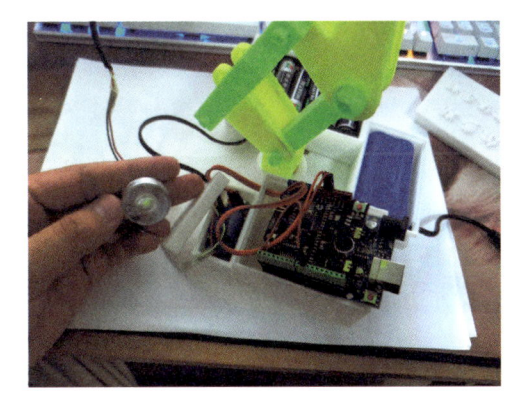

图 6-41

5V 电磁继电器 1 个；
18650 充电电池 1 个；
9V 高亮 LED 灯 1 个；
9V 电池供电盒 1 个；
杜邦线若干。

准备好材料，将语音识别模块插到 Arduino UNO 主控板上，连接好数据线就可以开始烧写程序了。修改程序前先导入需要的代码库文件。库文件在 DF 的资料库中可以搜索找到，或者通过网站（https://github.com/tyjjr/voiceRecognition1.1/）下载。

语音识别台灯使用 Arduino IED 代码

编程，具体程序内容如下。

```
#include <avr/wdt.h>
#include <VoiceRecognition.h>
VoiceRecognition Voice;
#define Led 8    // 定义 Led 引脚为 8
void setup( ){
Serial.begin(9600);
pinMode(Led,OUTPUT);
// 初始化 LED 引脚为输出模式
digitalWrite(Led,LOW);
//LED 引脚低电平
Voice.init( );
// 初始化模块 Voice Recognition
Voice.addCommand("kai deng",0);
// 添加指令，参数 1: 指令内容，参数 2: 指令标签,（可重复）
Voice.addCommand("guan deng",1);
// 添加指令，参数（指令内容，指令标签（可重复））
Voice.start( );   // 开始识别
wdt_enable(WDTO_1S);
// 打开看门狗（防止死机）
}
void loop( ) {
switch(Voice.read( ))
// 判断识别内容，在有识别结果的情况下 Voice.Read( ) 会返回该指令标签，否则返回 −1
{
case 0:   // 若是指令 "kai deng"
   digitalWrite(Led,HIGH);
// 点亮 LED
   Serial.println("received'kai deng',command flag'0'");
// 串口发送 received"kai deng", command flag"0"
   break;
case 1:   // 若是指令 "guan deng"
   digitalWrite(Led,LOW);
// 熄灭 LED
   Serial.println("received'guan deng',command flag'1'");
// 串口发送 received"guan deng", command flag"1"
   break;
}
wdt_reset( );
}
```

烧写完程序就可以连接测试语音识别台灯了。需要强调的是，通过程序编写利用语音识别模块的"开灯"指令控制的是 8 号引脚输出高电平，并没有使用 DF 官方的 LED 来做照明灯。原因是 DF 的单粒 LED 灯亮度太小了，所以利用

第6章 结合Arduino控制和3D打印的创客课例

8号引脚的开关连接一个5V的电磁继电器，并使用电磁继电器开关控制一个9V的高亮LED灯。

语音识别台灯的连线（图6-42）、参考模型（图6-43）、参考程序（图6-44）仅供小创客们参考。

图6-42

图6-44

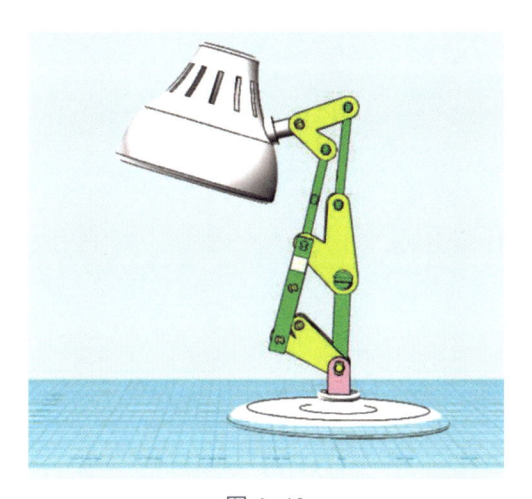

图6-43

当然，小创客还可以利用电磁继电器控制家里的灯。不过，为了安全起见，请在有经验的电工或物理老师指导下完成改装。

115